はじめに

ある町の国語教室。6年生の子どもたちが、立松和平の「海のいのち」(東京書籍6年)を読んでいる。その授業は、中心人物「太一」が、師匠の「与吉じいさ」の死に臨み、手を合わせる場面を読みの対象としていた。

この場面での太一の気持ちを読み深めることが中心課題の本時、子どもたちは、自分の読みをまずはノートに記述し、その後、話し合い活動に入る。

そんな彼らの学習を、教室の後ろからずっと見ていた授業参観者の私は、一人の女の子に近づき、「ごめんね。ちょっといい」と、さりげなく聞いてみる。

「あなたは、今日の国語の時間、どうして、第四場面を一生懸命読み取っているの?」

不意に問われた彼女は戸惑い、しばらくして答える。

「どうしてって、それは、昨日の国語の時間に第三場面の太一の気持ちを読んだから。だから、今日は、その続きの第四場面の気持ちを読み取っているんです。」

明日はどうするのと聞いたら、おそらく答えるだろう。「第五場面を読み取る。」と。

そうすること、場面ごとに順番に人物の気持ちを読み取り、最後にまとめの感想を記述すること。そうやって、ずっと同じように、一年生から六年生の今日まで学んできたこと。それが物語の学習であると。悲しいけれど、彼女は、きっとそう答える。

私が初めて、立松和平の「海のいのち」に出会ったのは、もう20数年前のこと。

改訂される国語教科書に、新教材として掲載されるという、この物語を一人の読者として読んだ。爽やかな読後感が残った。追い求めてきた巨大なクエを殺さずにモリを下ろした中心人物・太一の思いがわかったような気がした。

あれから何度、この「海のいのち」の授業をしたことだろう。あれから何度、さまざまな町で研究授業を参観したことだろう。数え切れないほどに読み返し、試行錯誤しながら教材研究を繰り返してきた。けれども、それにもかかわらず、まだ、私には、「太一の微笑み」の意味が確かには読めてはいない。

私の国語教室の子どもたちと授業をした。そのすべての授業の詳細なありのままの記録が、本書には記載されている。美しい授業の記録ではない。しかし、ここには、一人の教師と38人の12歳たちの精一杯の読みの学びがある。

単元スタートの1時間目から、最後の時間までの全時間の授業を「事実」として残す。そのために、子どもたちの発言や表情、板書の録画・撮影記録、子どもたちのノートや表現物のデジタルコピー。これらをもとに、16時間にわたる学びのすべてを再現する。

そんな本書の刊行は、授業者としてのまさに「夢」。この夢の実現のために、大変な編集作業に快く取り組んで下さった東洋館出版社の西田亜希子さん、装文社の池田直子さんに心からお礼を申し上げたい。ありがとうございました。

私と同じように「海のいのち」の授業に挑もうとする先生方に、本書の試行錯誤の記録が少しでも参考になれば幸いです。私の挑戦は、もちろん、まだ続きます。

青空の広がる冬の日に　二瓶弘行

目次

Ⅰ章
板書で見る「海のいのち」

第２・３時の授業

「海のいのち」立松和平
① 初読の「作品の心」をまとめる
○出会いの読み
② 出来事の流れをとらえる
○場面構成
□ 最終ゴール
「作品の心」
○解説文
○作品の星座

▲毎回の授業の最初は、前時に学んだことを振り返り、それは単元の最終ゴールとして「作品の心」を受け取るためであることを確認する。

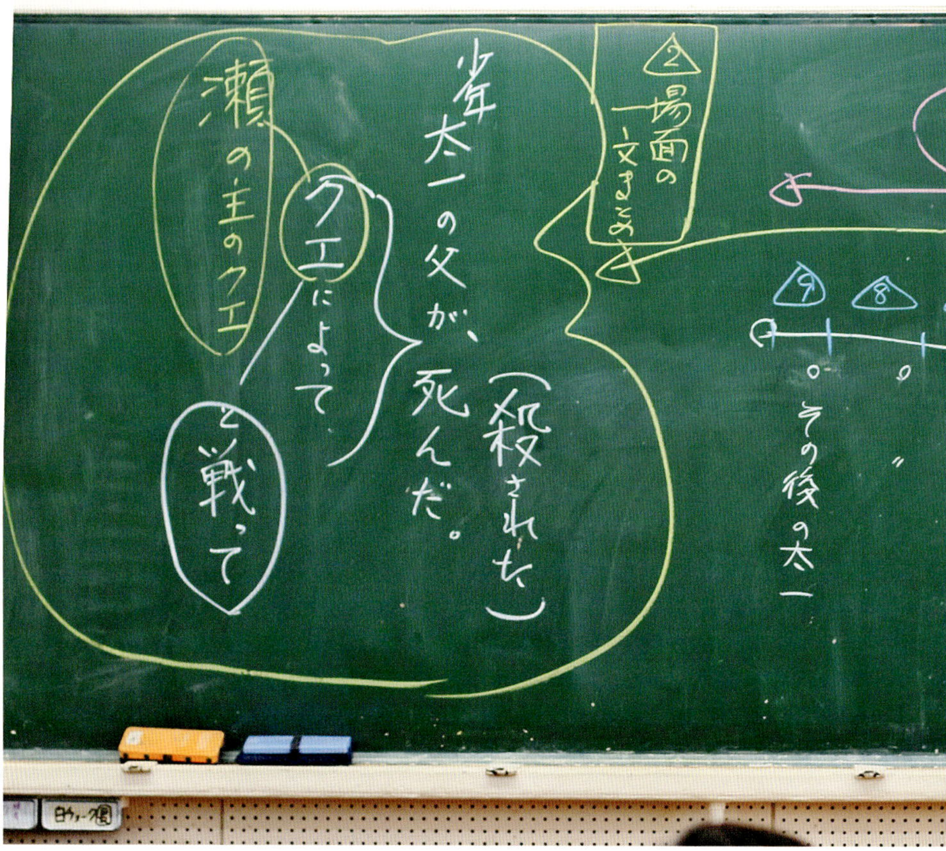

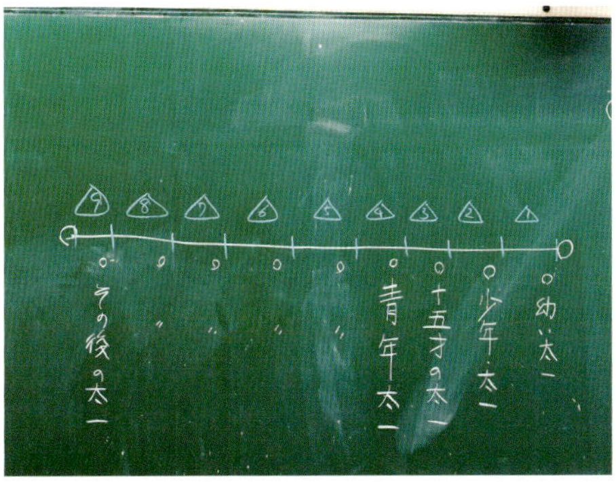

▲第２時で、すでに９つに場面分けをしている教材文の１枚プリントを配っている。時・場・人で捉えると、時の流れで場面分けをできることがわかる。
第３時では、場面ごとの太一の年代をまとめ、出来事の流れ、つまり太一の生涯が描かれていることを確認した。

▼２場面を例に、言葉を吟味して１文でまとめた。その後は各自でまとめることとし、作品の星座―客観編に活かすよう伝えた。

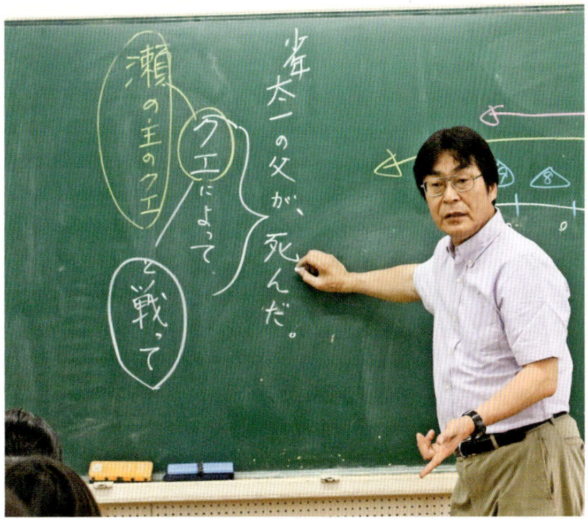

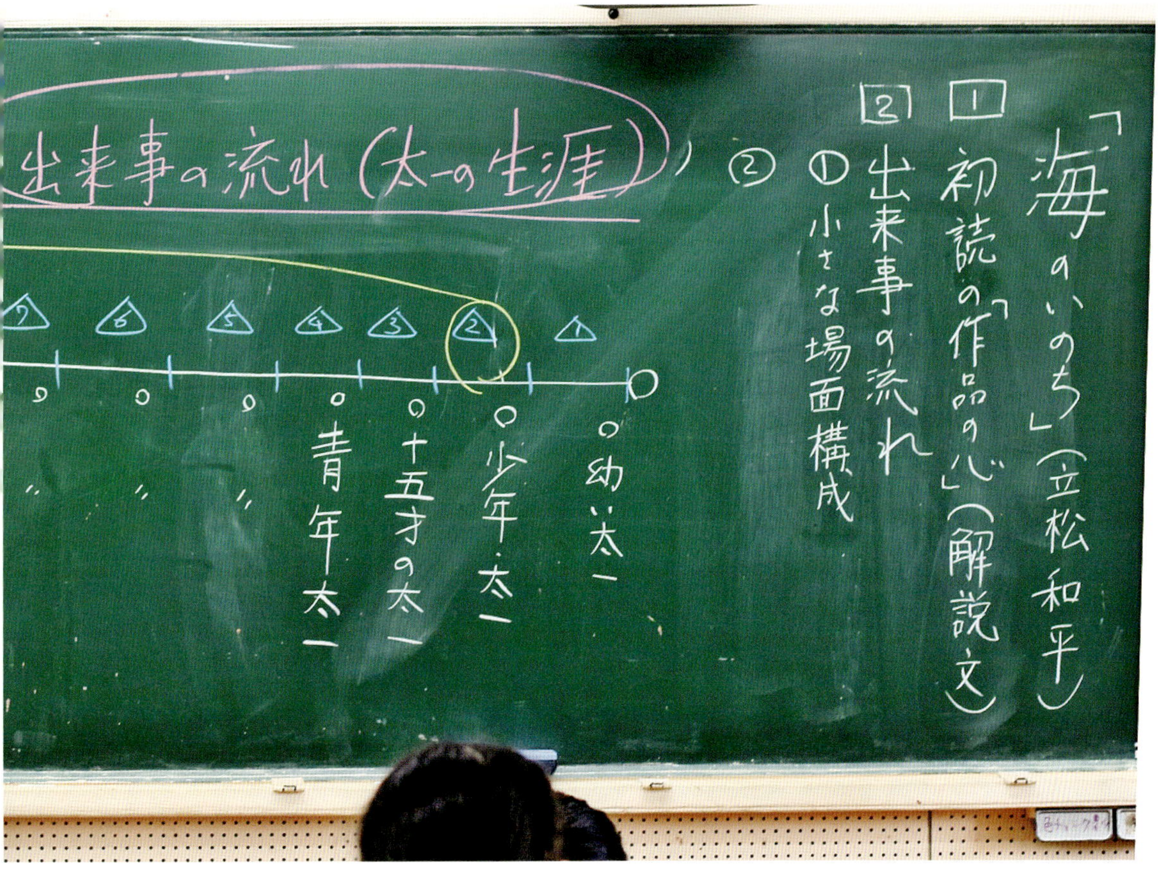

第 4 時の授業

▲本時は、前ばなしから、物語の大もととなる設定を読み取る学習をする。そのために、導入で、前時までに押さえた基本４場面を再確認した。

基本４場面

1. 前ばなし場面
2. 出来事の展開場面
3. クライマックス場面
4. 後ばなし場面

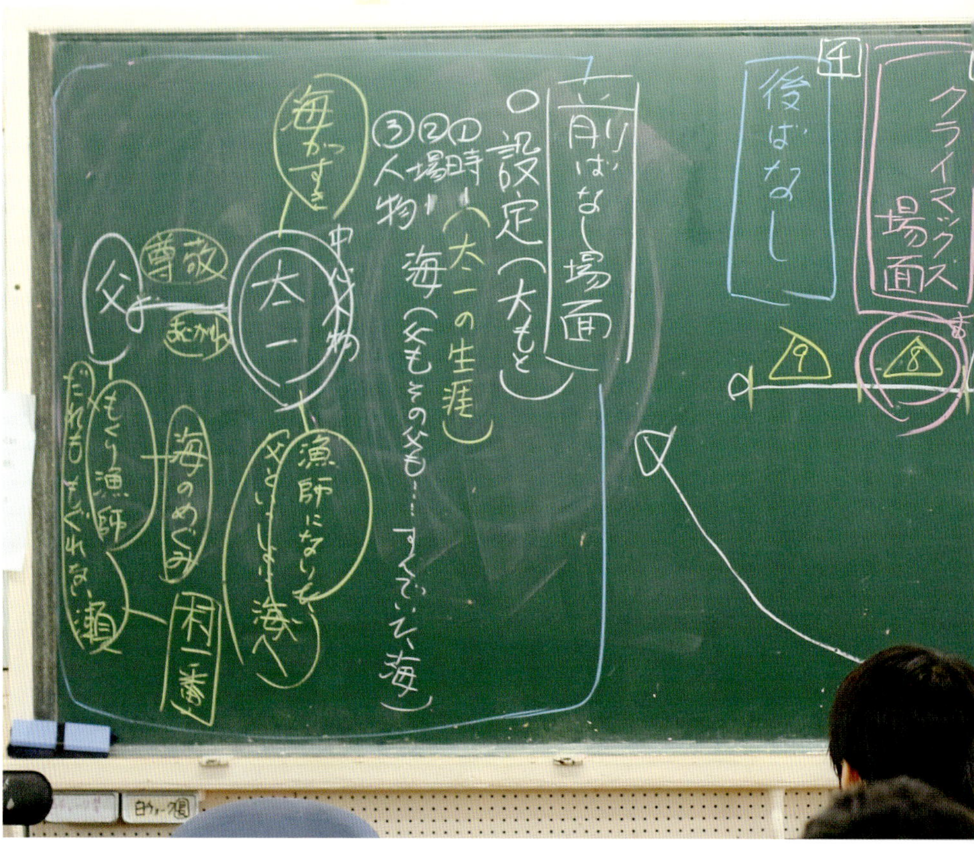

▲基本４場面の押さえをして読み直すのは、変容を捉えるためであり、変容をとらえることで「作品の心」を受け取ることができる、ということも確認。「いつもやっているからでは」なく、何のために、今、この学びをしているのかを常に確認することで、学びの必然性を持たせる。

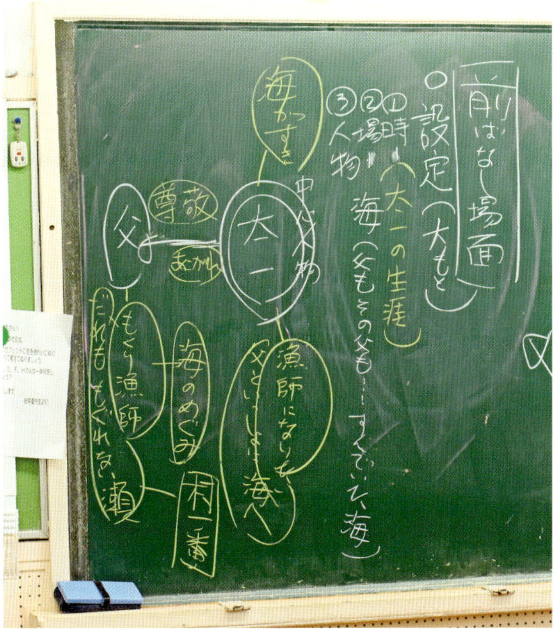

▲前ばなし場面から、作品の大もとの設定となる「時・場・人物」を捉えた。これらの読みに、初読の「作品の心」や視点、などを整理して、この次からの時間は「作品の星座―客観編」をまとめることとする。

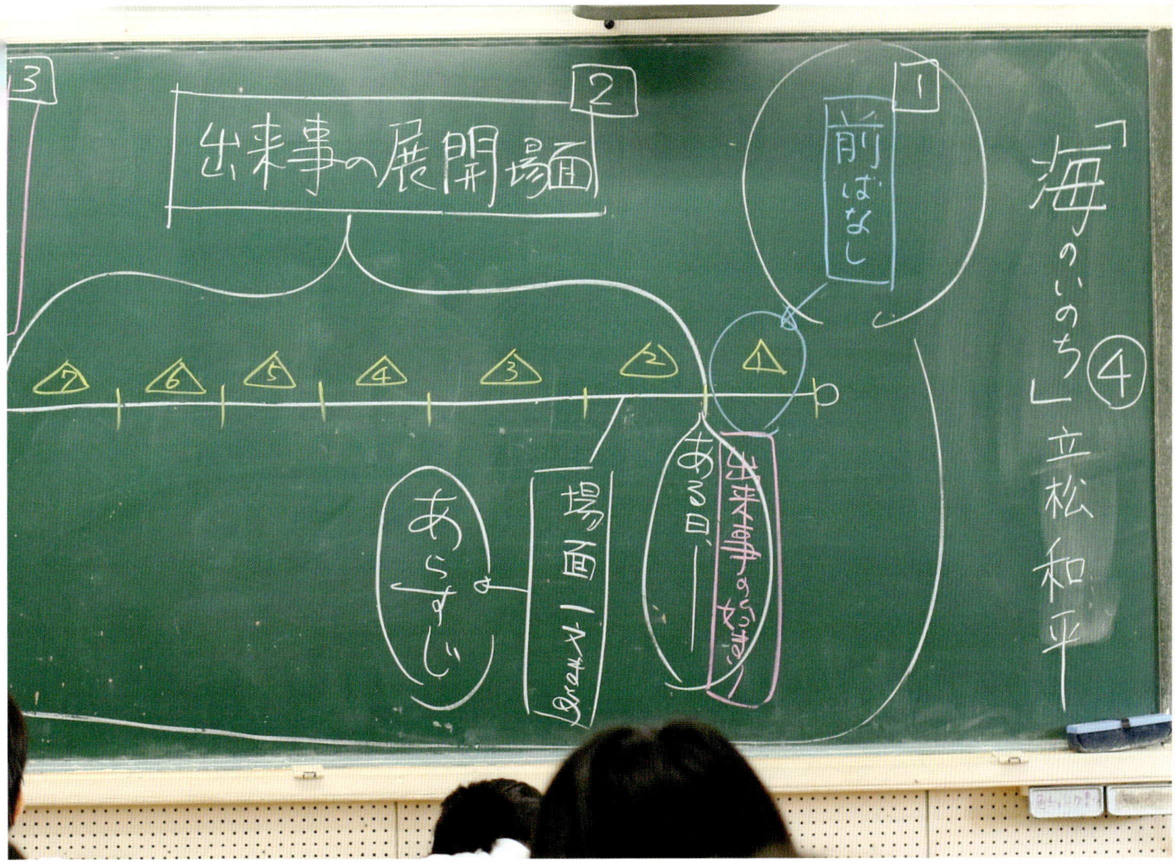

第８～11時の授業

第８時

＜重要話題１＞太一が、「中学校を卒業する年の夏、無理やり」与吉じいさの弟子になった理由

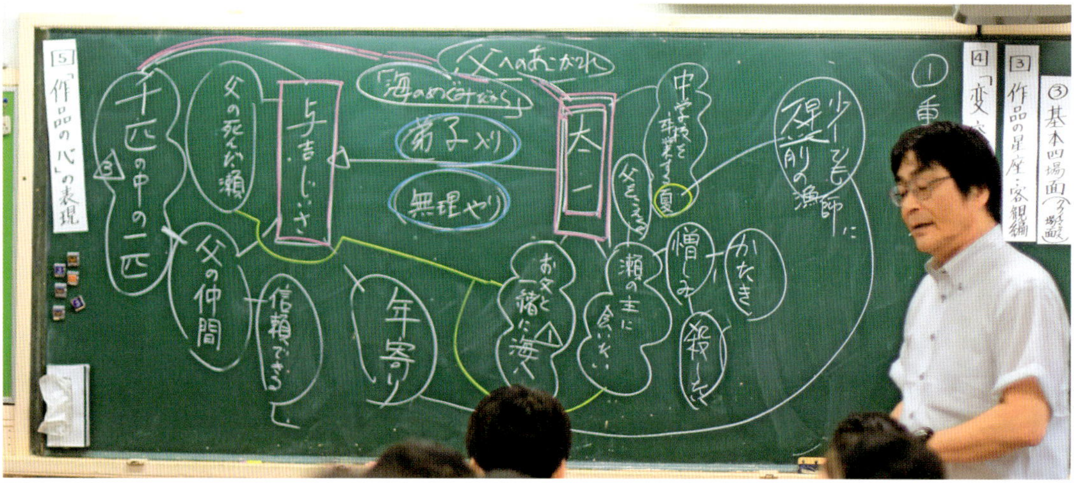

第９時

＜重要話題２＞「海に帰りましたか」と、与吉じいさに両手を合わせる太一の気持ち

第 10 時

＜重要話題３＞「とうとう父の海にやってきたのだ」という太一の思い

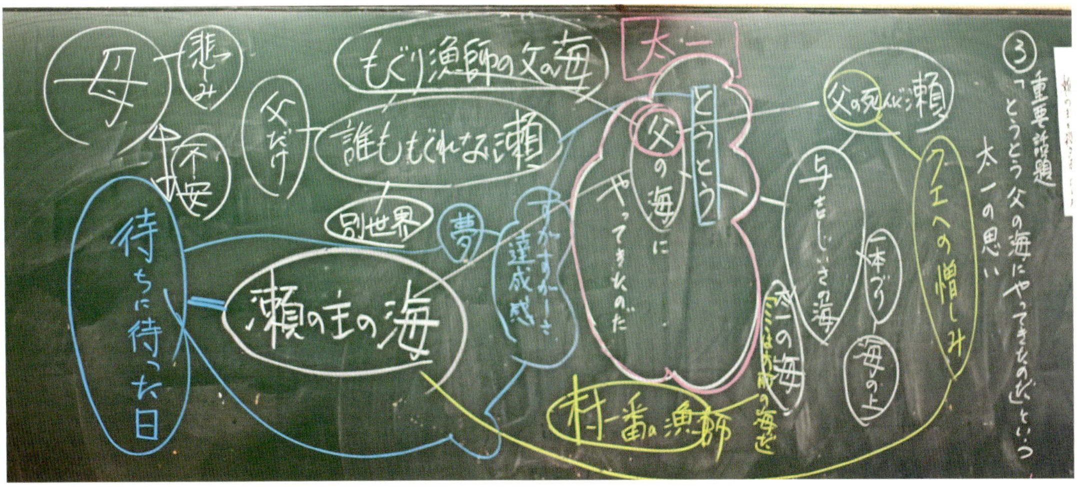

第 11 時

＜重要話題４＞太一が背負おうとした「母の悲しみ」とは何か

第 12・13 時の授業

＜中心話題＞
太一は、何故、瀬の主を殺さなかったのか

第 12 時

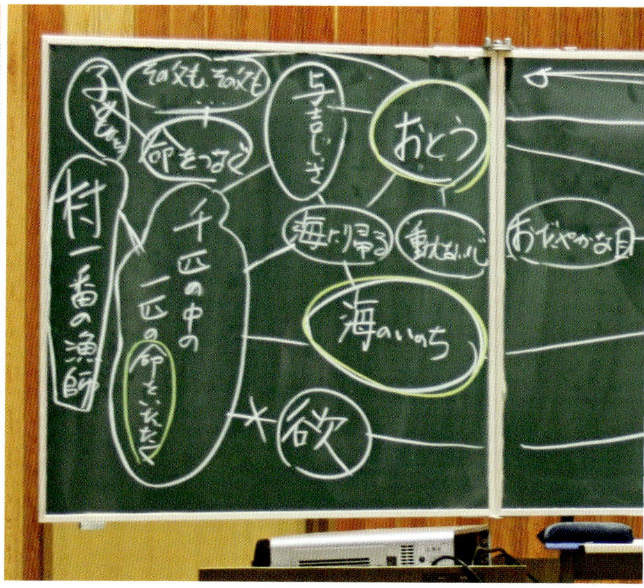

▲いよいよ、中心話題の対話に入る。
変容前と変容後の太一を対比させることで読みを深めるという、本時の見通しを一目でわかるようにするため、板書の中央には瀬の主を中心に、左右に太一を配置した。

第 13 時

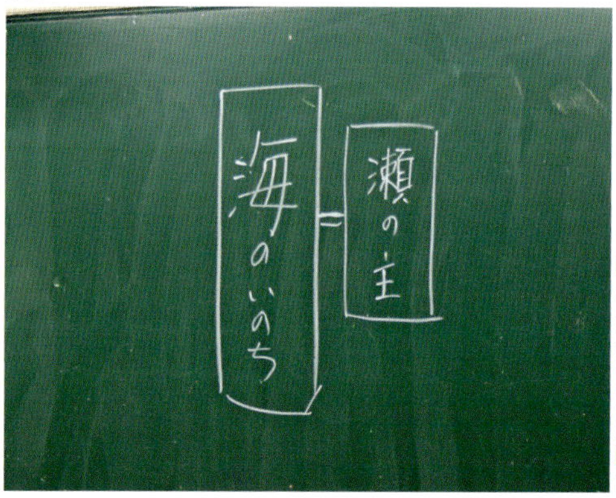

▲中心話題について、前時ではまだ読み切れていない、という子どもたちの様子をみて、もう１時間対話の時間をもった。本時は「海のいのち」とはどういうことなのか、という切り口から考えるため、中心に「海のいのち」と板書し、対話を始めた。

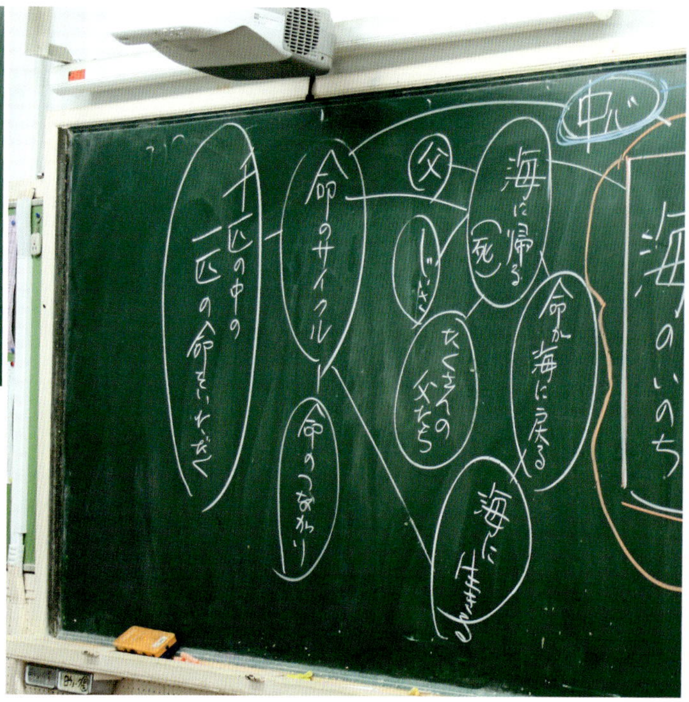

「変容」を読み取るための「三つの大きな問い」

1. 何が変わったのか？
2. どのように変わったのか？
3. どうして変わったのか？

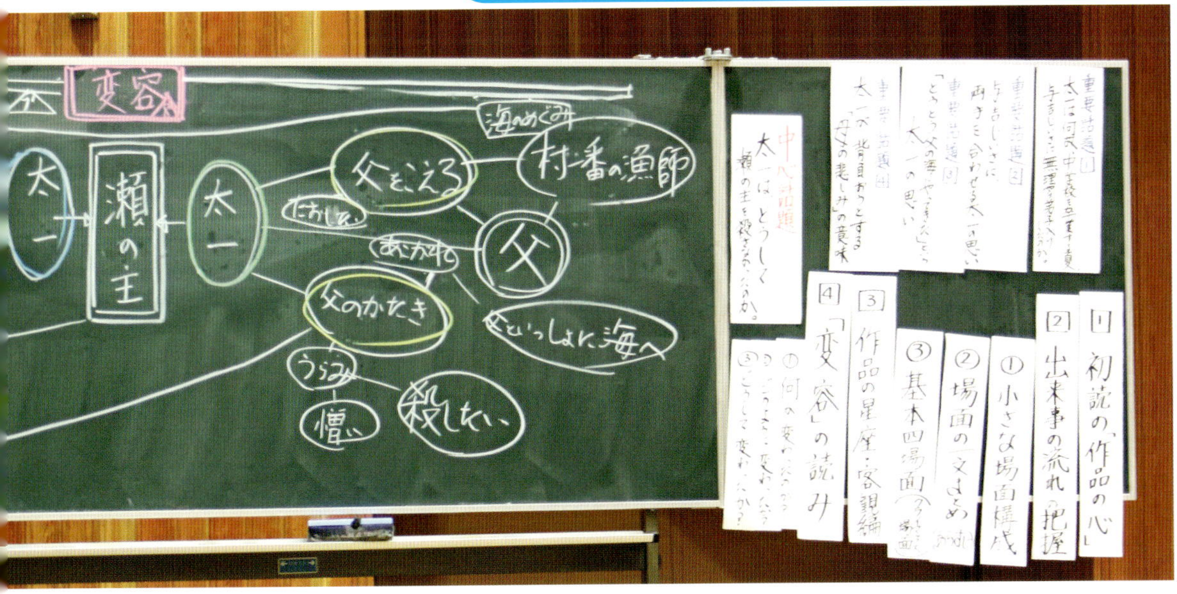

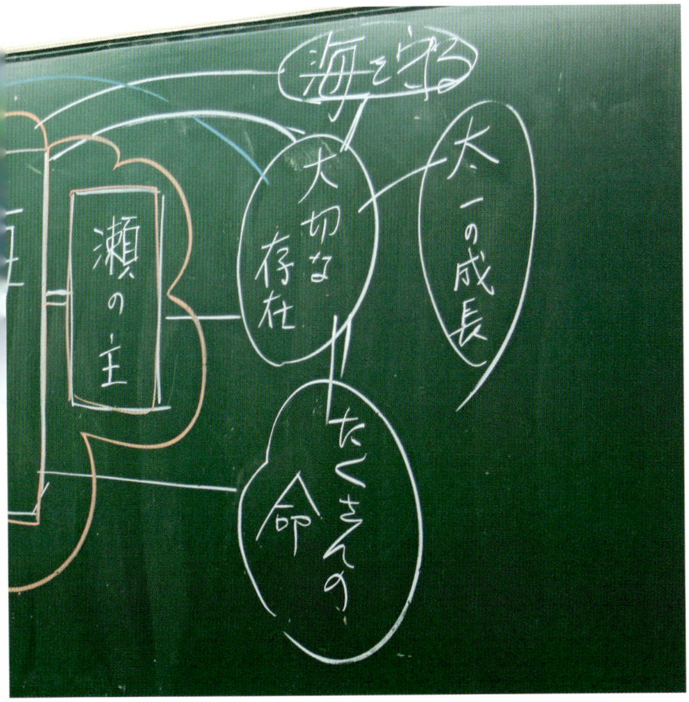

▲瀬の主とは、海に生きるたくさんの「いのち」の象徴ではないか、という教師の読みも共有して、すべての全体対話を終えた。

「海のいのち」

第15・16時の授業
作品の星座—作品の心編

※「作品の星座ー客観編は」p 54-55

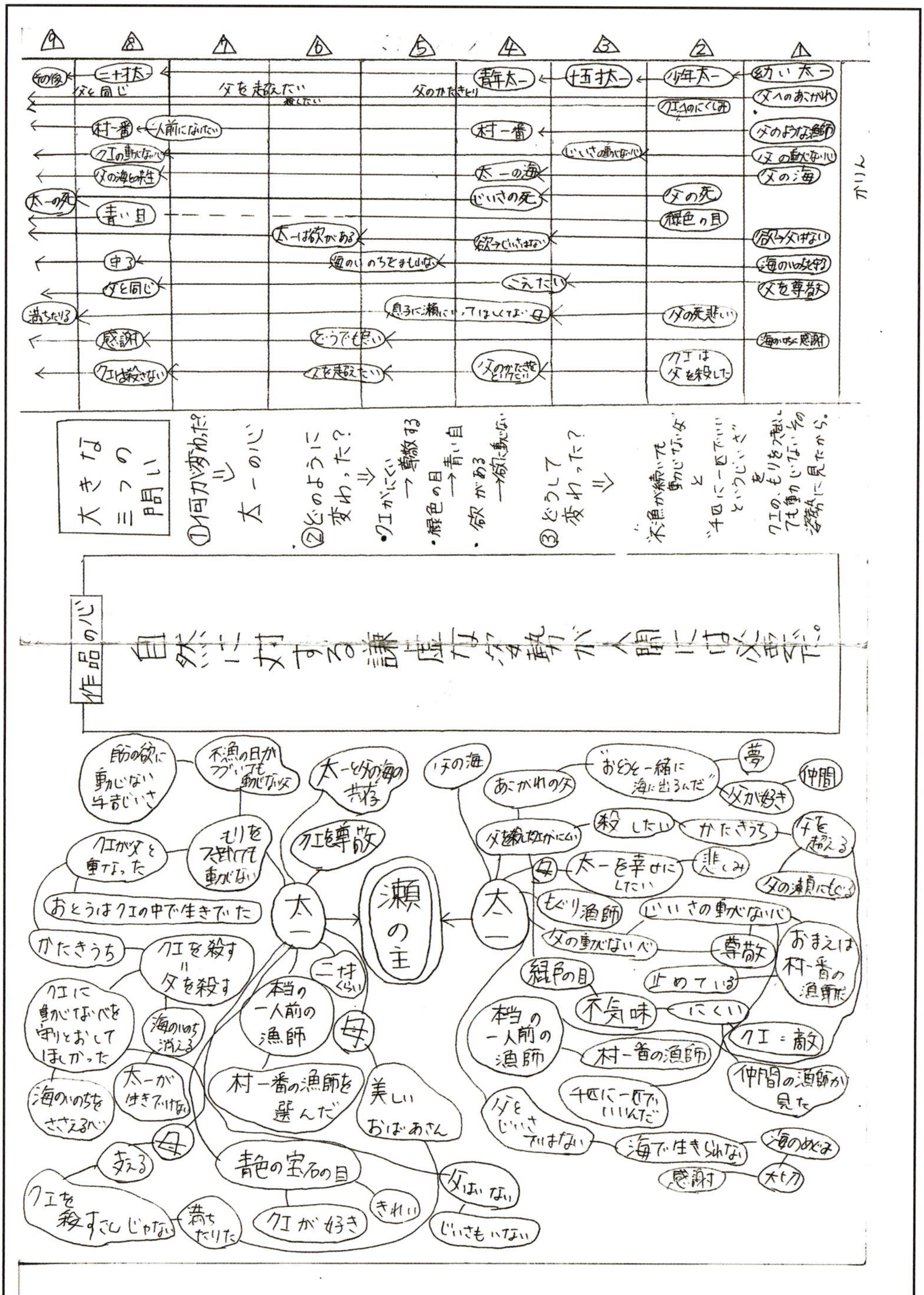

Aさん

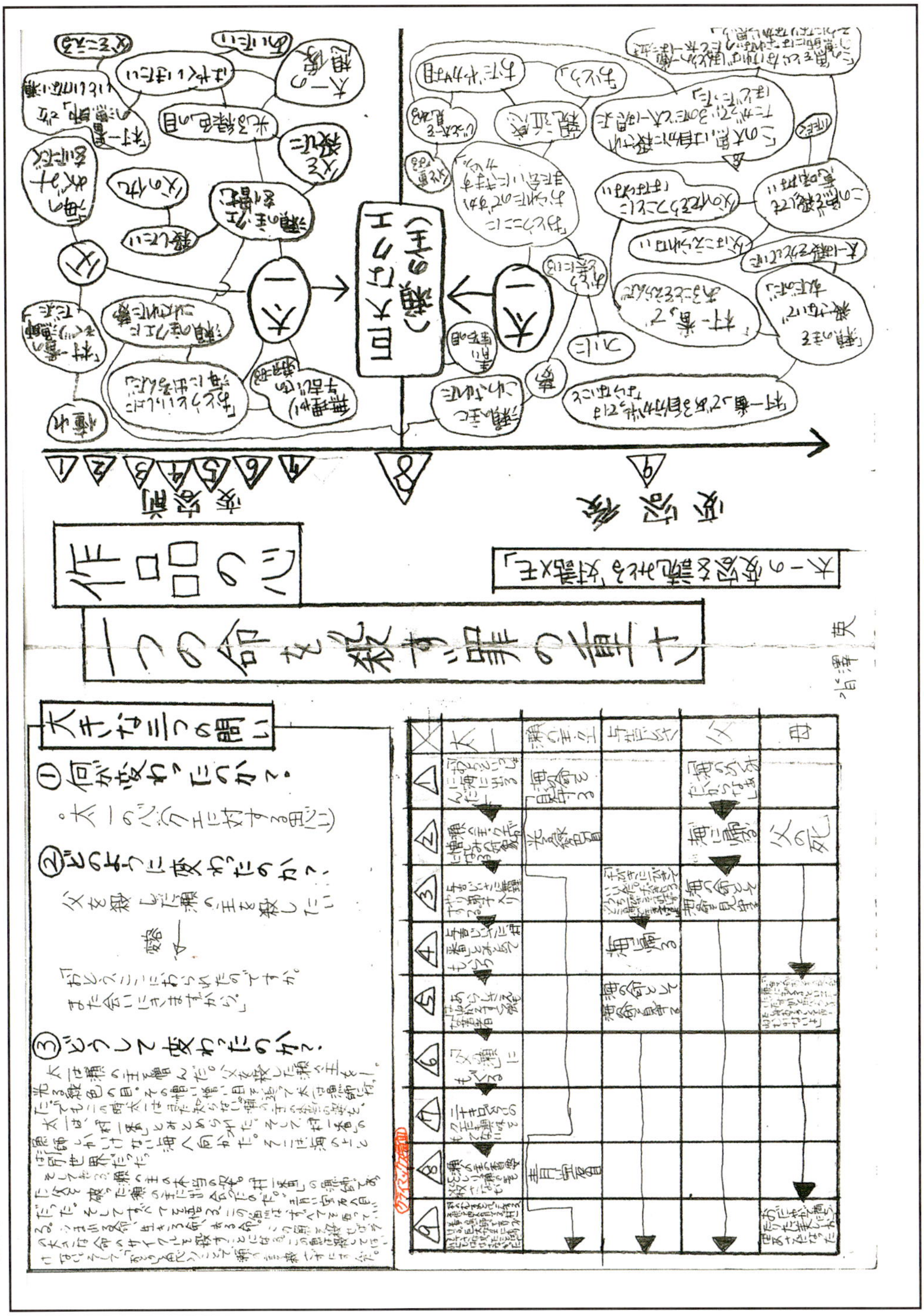
作品の心
太一の変容を読みとる「対話メモ」
変容前
変容後
巨大なクエ（瀬の主）
大きな三つの問い
①何が変わったのか？
②どのように変わったのか？
③どうして変わったのか？

Bさん

第 15・16 時の授業
作品の星座―作品の心編

※「作品の星座一客観編は」p 54-55

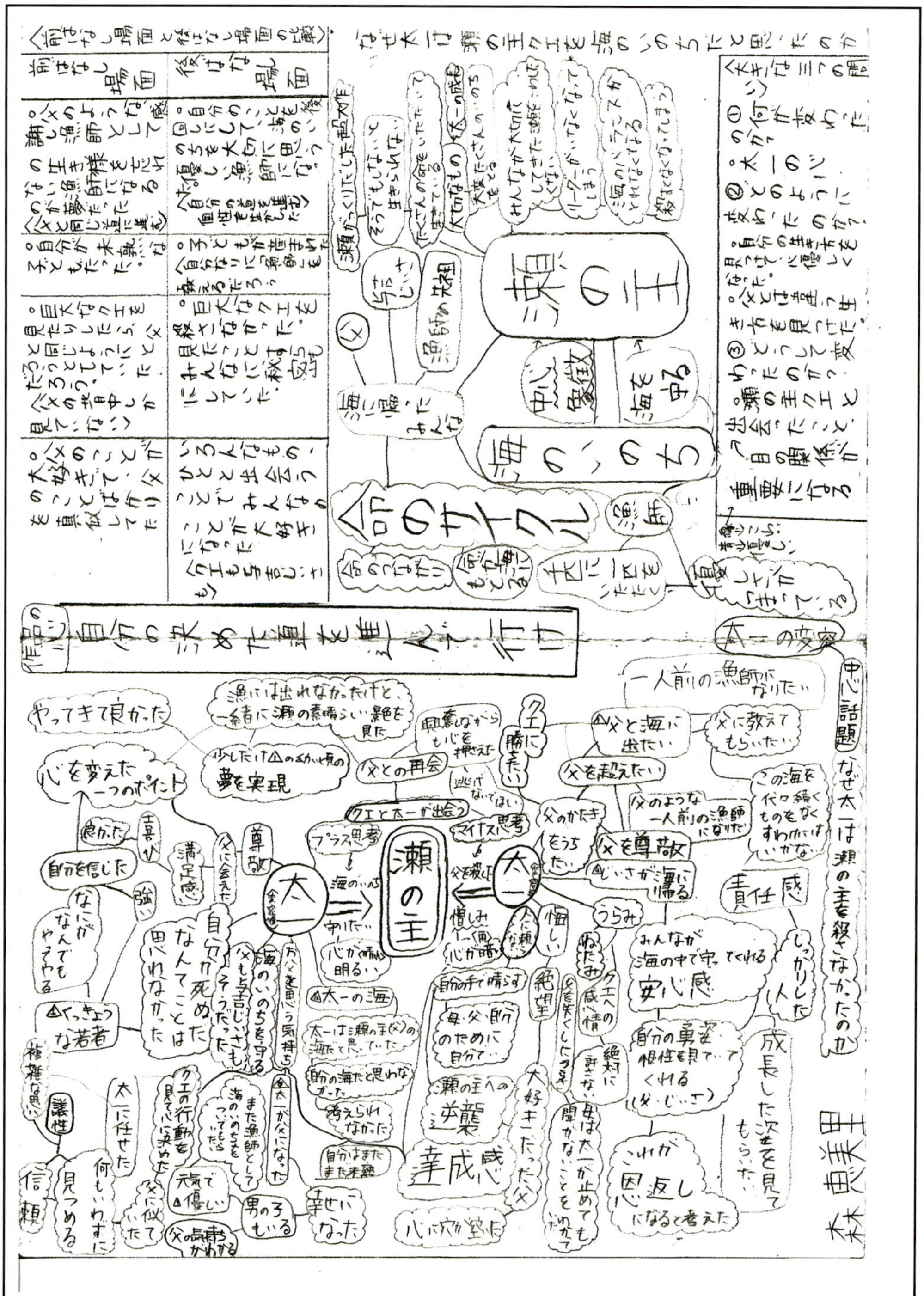

Cさん

Dさん

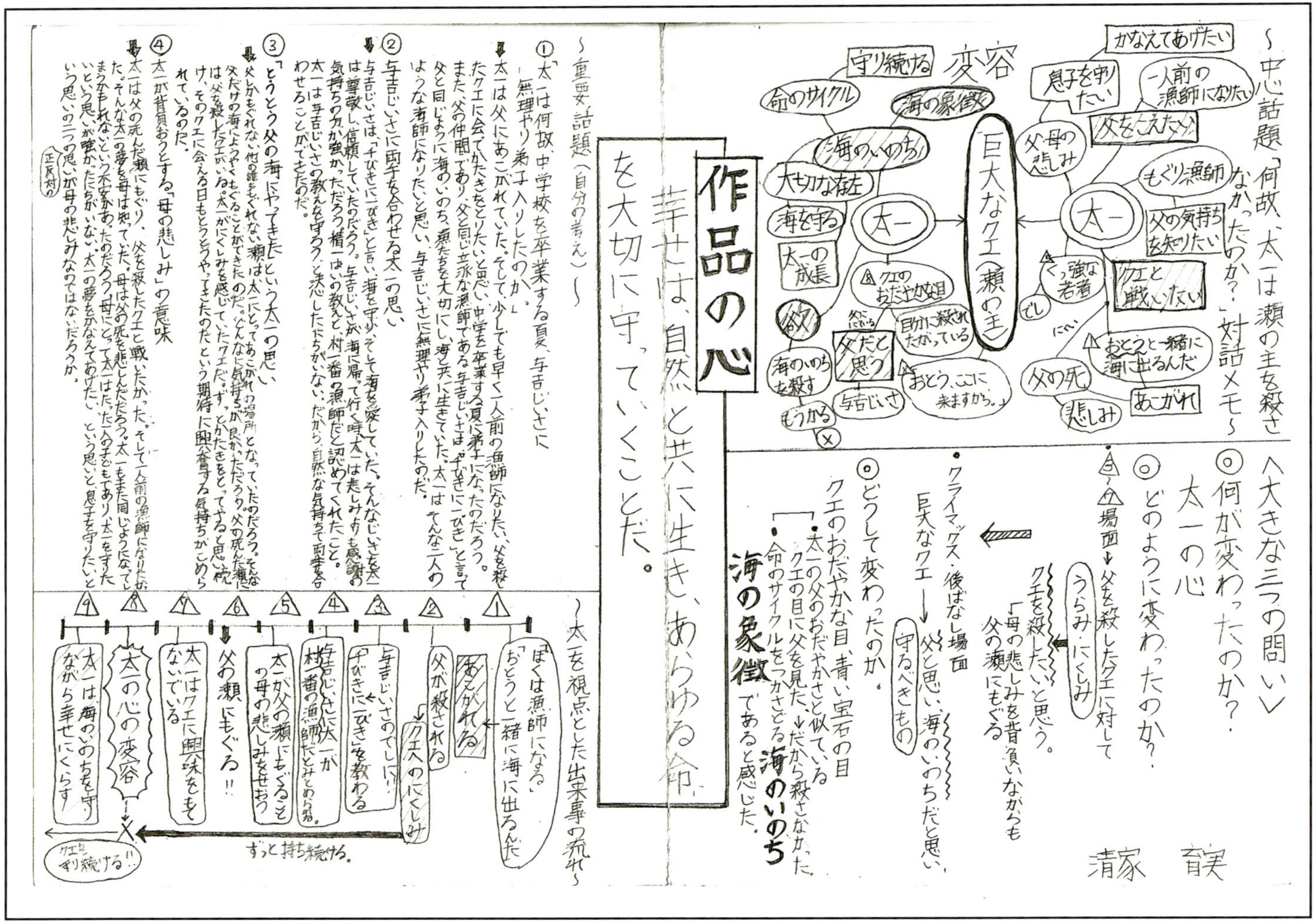

～中心話題「何故、太一は瀬の主を殺さなかったのか？」対話メモ～
太一
かなえてあげたい
息子を守りたい
一人前の漁師になりたい
父をこえたい
父・母の悲しみ
もぐり漁師
父の気持ちを知りたい
△くっ強な若者
クエと戦いたい
でし
にくい
△おとうと一緒に海に出るんだ
父の死
悲しみ
あこがれ
巨大なクエ（瀬の主）
変容
守り続ける
命のサイクル
海の象徴
海のいのち
大切な存在
海を守る
太一
太一の成長
△クエのおだやかな目
自分に殺されたがっている
父だから
父だと思う
殺
海のいのちを殺す
もうかる
×
与吉じいさ
おとう、ここに来ますから。
作品の心
幸せは、自然と共に生き、あらゆる命を大切に守っていくことだ。
〈大きな三つの問い〉
◎何が変わったのか？
太一の心
◎どのように変わったのか？
・△～△場面↓父を殺したクエに対して
うらみ・にくしみ
クエを殺したいと思う。
「母の悲しみを背負いながらも父の瀬にもぐる
・クライマックス・後ばなし場面
巨大なクエ→父と思い、海のいのちだと思い
守るべきもの
◎どうして変わったのか。
クエのおだやかな目、青い宝石の目
「・太一の父のおだやかさと似ている
クエの目に父を見た。↓だから殺さなかった。
・命のサイクルをつかさどる海のいのち
海の象徴であると感じた。
清家 育実
～重要話題（自分の考え）～
①「太一は何故、中学校を卒業する夏、与吉じいさに無理やり弟子入りしたのか。」
➡太一は父にあこがれていた。そして、少しでも早く一人前の漁師になりたい、父を殺したクエに会ってかたきをとりたいと思い、中学を卒業する夏に弟子になったのだろう。また、父の仲間であり、父と同じ立派な漁師である与吉じいさは「千びきに一ぴき」と言って父と同じように海のいのち、魚たちを大切にし、海と共に生きていた。太一はそんな二人のような漁師になりたいと思い、与吉じいさに無理やり弟子入りしたのだ。
②与吉じいさに両手を合わせる太一の思い
➡与吉じいさは「千びきに一ぴき」と言い、海を守り、そして海を愛していた。そんなじいさを太一は尊敬し、信頼していたのだろう。与吉じいさが海に帰って行く時、太一は悲しみよりも感謝の気持ちの方が強かっただろう。精一ぱいの教えと、村一番の漁師だと認めてくれたこと。太一は与吉じいさの教えを守ろうと決心したにちがいない。だから、自然な気持ちで両手を合わせることができたのだ。
③「とうとう父の海にやってきた」という太一の思い
➡父しかもぐれない、他の誰ももぐれない瀬は太一にとってあこがれの場所となっていたのだろう。そんな父だけの海にようやくもぐることができたのだ。どんなに気持ちが良かっただろう。父の死んだ瀬には父を殺したクエがいる。太一がにくしみを感じていたクエだ。ずっとかたきをとってやると思い続け、そのクエに会える日もとうとうやってきたのだという期待に興奮する気持ちがこめられているのだ。
④太一が背負おうとする「母の悲しみ」の意味
➡太一は父の死んだ瀬にもぐり、父を殺したクエと戦いたかった。そして一人前の漁師になりたかった。そんな太一の夢を母は知っていた。母は父の死を悲しんだだろう。太一もまた同じようになってしまうかもしれないという不安があったのだろう。母にとって太一はたった一人の子どもであり、太一を守りたいという思いが強かったにちがいない。太一の夢をかなえてあげたい という思いと、息子を守りたいという思いの二つの思いが母の悲しみなのではないだろうか。
正反対の
～太一を視点とした出来事の流れ～
△1 「ぼくは漁師になる。」「おとうと一緒に海に出るんだ」
△2 あこがれる
父が殺される
クエへのにくしみ
ずっと持ち続ける。
△3 与吉じいさのでし入り「千びきに一ぴき」を教わる
△4 与吉じいさに太一が村一番の漁師だとみとめられる。
△5 太一が父の瀬にもぐることの母の悲しみを背おう
△6 父の瀬にもぐる!!
△7 太一はクエに興味をもたないでいる
△8 太一の心の変容
△9 太一は海のいのちを守りながら幸せにくらす
クエを守り続ける!!

「海のいのち」

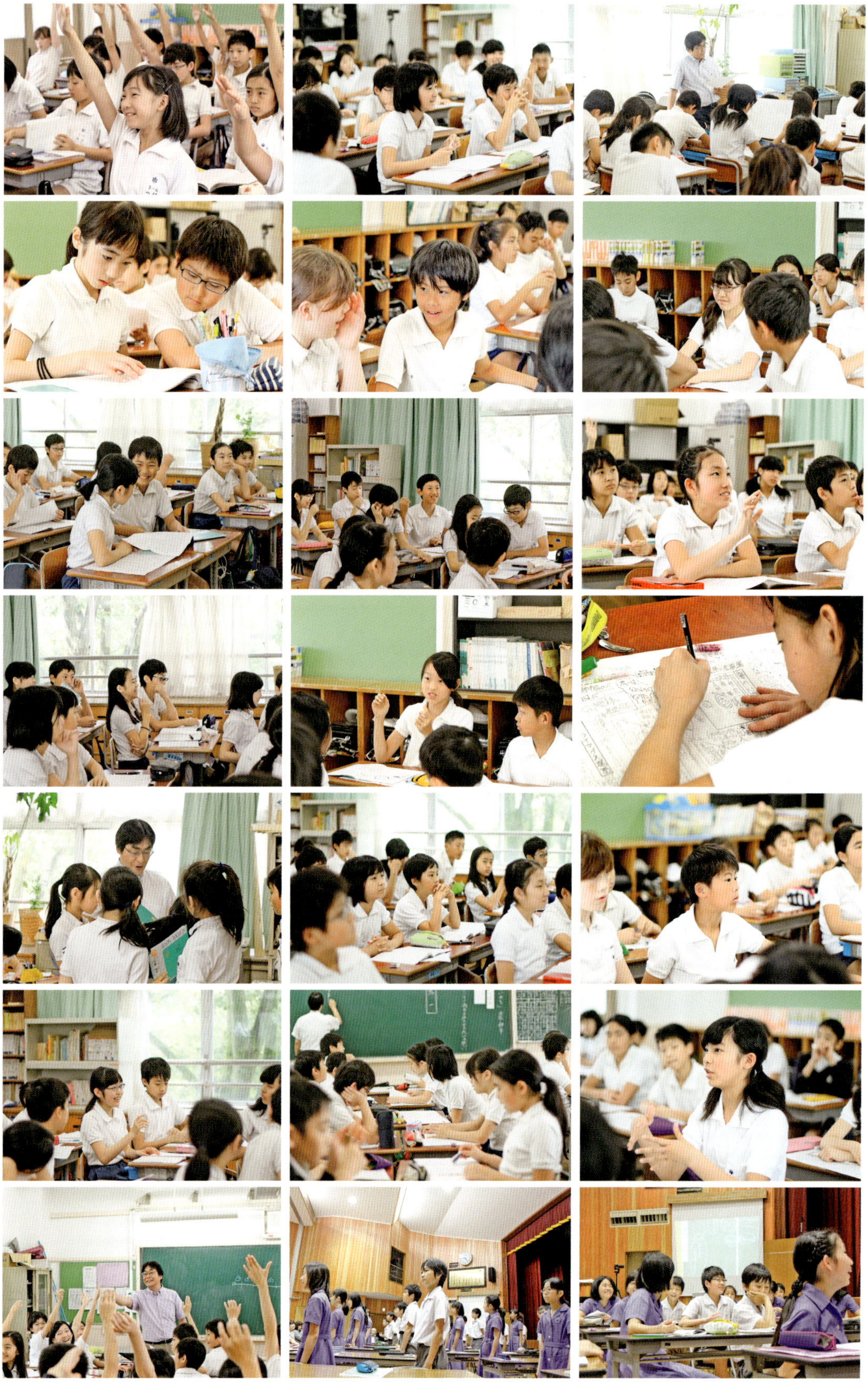

Ⅱ章
「海のいのち」単元構想

「海のいのち」教材としての魅力

私の提唱する、物語の「自力読み」における最終ゴール段階の学び。それは、物語が読者である自分に最も強く語りかけてくることを受け止め、自分の言葉で表現すること。

この「海のいのち」は、東京書籍版の六年教科書の後期教材として掲載される物語である。したがって、小学校６年間の物語の学びにおける最終段階に位置づけられると言ってもいいだろう。

確かに、それだけの内容価値、また、「自力読み」の力を育むための教材価値はある。

作者の立松和平氏は2010年にこの世を去られているが、まだ精力的に執筆活動を展開されていた頃、私は、何度かお会いする機会があった。

一度目は、高知での国語教育研究会。会場の小学校体育館で、立松氏が自作「海のいのち」を朗読して語り、私がその教材実践を講演した。

二度目は、東京･恵比寿のご自宅を訪問し、数時間にわたるインタビューをさせてもらった。私にとって、今でも忘れがたい貴重な体験だった。

その中で、私の物語の「自力読み」が、ずっと主張してきたことを、いみじくも立松和平氏は作者自身の生の言葉で語っている。

国語の授業で「海のいのち」を読んだ小学校の子どもたちから手紙がたくさん来るんですよ。これがね、正直言って困っているんですよね。その手紙の内容というのが、「どうして、太一はクエを殺さないんですか」という質問なんですよね。（笑い）

普通は作品は書きっぱなしです。書きっぱなしで、作品の意味を考えることは読者に委ねる。作者が意味を限定してしまうと、すごく小さな作品になってしまうんでね。

主題を「作者が最も強く伝えたいこと」と定義し、教師の正解としての作品解釈を理解させようとする物語授業から、「読者が作品から最も強く受け取ったこと」、すなわち「作品の心＝物語が自分に最も強く語りかけてきたこと」を重視する物語授業への転換、それが「自力読み」の授業である。

読者である６年生の子どもたちは、場面構成特に、クライマックス場面を捉えた上で、「大きな読みの問い」にもとづきながら、「海のいのち」の「作品の心」を受け取ろうと詳細な読みを展開する。

「最も変わったことは何か、それはどのように変わったのか、そして、それは、どうして変わったのか」。この「大きな三つの問い」から必然的に生まれ、仲間たちと共有される「中心話題」。それは、立松和平氏が多くの子どもたちから質問されると苦笑しながら話した、まさしく、その問いである。

★「海のいのち」の中心話題
太一は、何故、巨大なクエを殺さず、モリを下ろしたのか

単元を構想する

(1) 身につけさせたい力

○「自力読みの力」を駆使して、自分の作品世界を創造し、「作品の心」を受け取る力
○自分の読みとの異同を確認しながら、対話によって仲間と作品世界を相互交流する力

(2) 単元の概要

6年生の子どもたちは、これまで、様々な物語を学習材にして、物語の「自力読みの力」を獲得してきた。物語を確かに読むとは、「作品の心」(物語が自分に最も強く語りかけてくること)を受け取り、自分の言葉で表現すること。そして、そのためには、出来事の流れを押さえ、描かれた「変容」を巧みな言葉のつながりを捉えつつ読み取ること。

獲得してきた「自力読みの力」を駆使しつつ、対話を中心とした、仲間との協同的な学びによって単元を展開する。そして、その学びの過程で、子どもたちそれぞれが「生きるとは、人間とはー。」と、作品が強く語りかけてくるまでの確かな感想をもつことを願う。

(3) 指導のポイント

ポイント1 「出来事の流れ」を捉え、「作品の星座」(客観編) にまとめる

学びの最終段階において、「作品の心」を受け取るためには、その第一歩として、子どもたち全員が、物語「海のいのち」の出来事の流れを共有しておくことが不可欠である。そのためには、まず、「小さな場面構成」を検討する。「時・場・人物」に関わる言葉を根拠にして、作品全体の場面の移り変わりを捉える。

さらに、この出来事の流れを確かにするため、「あらすじ」をまとめる活動を設定する。小さな場面ごとに「一文まとめ」をし、「海のいのち」は9場面なので9文に文章化する。

この出来事の流れの把握のあと、クライマックス場面を中心とした「基本4場面」(前ばなし場面・出来事の展開場面・クライマックス場面・後ばなし場面)の観点から全体構成を捉え直す。そして、「作品の星座」の客観編として一枚のB４版の画用紙にまとめる。

ポイント2 中心話題「何故、太一は瀬の主を殺さなかったのか」を設定する

出来事の流れをもとに、作品の全体構成が把握できた段階で、「作品の心」を受け取るために、詳細な読解の方向性が見えてくる。

子どもたちは学んできた。物語は、「出来事の流れの中で、あることの大きな変容を描く」ことが本質。だから、詳細な読解とは、「何が、どのように、どうして変わったか」という三つの大きな問いに基づき、その変容を読み取ることが中心になること。

クライマックス場面を確認できたとき、子どもたち全員が設定する、「海のいのち」の最も重要な話題は、自ずと決定される。「何故、太一は瀬の主を殺さなかったのか」。

この中心話題を最終的な話題として共有し、その読みを確かにつくるために、いくつかの重要話題を設定し、対話活動を展開する。

ポイント3 子どもの読みを継続的に見取る(評価)

すべての学びは、基本的にノートに記録される。また、対話活動においても、対話メモ記述と読みの文章化を重視する。また、「作品の星座」として自らの読みのまとめを書く。

これらすべてが、子どもそれぞれの読みの質の変容を私が見取る重要な資料となる。

単元「立松和平『海のいのち』私の作品の心」全体構想

筑波大学附属小学校　二瓶弘行学級　２０１６．６

第１次「海のいのち」との出会いの読み（初読の「作品の心」）

６年生の子どもたちは、４年生以降、様々な物語を学習材にして、物語の「自力読みの力」を獲得してきた。物語を確かに読むとは、「作品の心」（物語が自分に最も強く語りかけてくること）を受け取り、自分の言葉で表現すること。そして、そのためには、出来事の流れを押さえ、描かれた「変容」を巧みな言葉のつながりを捉えつつ読み取ること。そう学んできた、12歳の子どもたちにとって、立松和平「海のいのち」は、読み甲斐のある、内容価値の高い作品であり、「自力読み」の学びの小学校最終段階の学習材としてふさわしいと捉えている。（私の国語教室で使用の東京書籍版教科書は、６年後期に位置づけている。）

獲得してきた「自力読みの力」を駆使しつつ、仲間との協同的な学びによって、子どもたちそれぞれに「生きるとは、人間とは一。」と、作品が強く語りかけてくるまでの確かな感想をきっともたせてくれるに違いない。

彼らと「海のいのち」との出会いの読みは、私の朗読による。読み通した後、子どもたちは、その出会いの読みの感想を「初読の作品の心」として表現した。そして、これから、最終的な「私の作品の心」として確かに受け取れるまでに、みんなで読みを進めていこうと確認し合った。単元「海のいのち」のスタートである。　＜１時間＞

第２次「海のいのち」の詳細な読み

１．物語「海のいのち」の「出来事の流れ」を大きく捉える。　＜２時間＞

（１）作品全体を小さな場面に分ける。

○「時」「場」「人物」の設定を手掛かりに。

○あらかじめ「９場面」構成としたプリントを学習材とする。

この作品の場面の展開が、「時」の移り変わりによることを押さえつつ、９場面構成が妥当であることを確認し合う。

さらには、その「時」の流れは、中心人物「太一」の生涯であることをまとめる。

（２）作品全体を「４つの基本場面」で捉える。

①「前ばなし場面」　＜物語の設定－時・場・人物（状況）の説明＞

②「出来事の展開場面」　＜出来事が始まり、山場へ展開していく場面＞

③「クライマックス場面」＜山場・何かが最も大きく変容する場面＞

④「後ばなし場面」　＜大きな変容のその後を描く＞

（３）作品の全体構成を１本の線を軸にした「構造曲線」でまとめる。

（４）作品の「あらすじ」をまとめる。

○９つの小さな場面それぞれを一文で書き表す。

①時・場・人物（したこと・思ったこと）の重要語句を読み落とさない。

②余計な言葉を省き、なるべく短い一文でまとめる。

③「大きな設定場面」と「クライマックス場面」は、２文でも可。

○初読の段階は、教科書の挿絵付きの文章を読む。

第２次段階からは、Ａ３の１枚プリントを学習材として用いる。冒頭と結びの一文が対応でき、作品全体の全ての言葉をつなげて読めるからである。変容を捉えるためには必須。

○「海のいのち」は、典型的な「基本４場面」構成をとる。

子どもたちは、第８場面が「クライマックス場面」〔あること（多くは、中心人物の「心」）が、最も大きく変わるところ〕と、容易に捉えている。

さらに、第２場面が「ある日」と、典型的な出来事の始まりの表現であることを押さえた上で、第１場面が「設定」を説明する「前ばなし場面」、終わりの第９場面が、変容のその後を描いている「後ばなし場面」と確認した。

したがって、「出来事の展開場面」は、第２場面から第７場面までの６つの小さな場面から構成されることになる。

○物語の「あらすじ」のまとめ方は、既習の自力読みの力。

授業では、第２場面だけを板書をもとに、意見を出し合いながら、より適切な一文づくりを協同して行う。あとの場面の一文づくりは、各自のノートでの自力読みに委ね、「作品の星座」の客観編で整理させる。

2．前ばなしを中心に「時・場・人物（状況）」の設定をまとめる。　＜１時間＞
①「時」－○（太一の生涯）「前ばなし場面」では「幼い太一」
②「場」－○海「父もその父も、その先ずっと顔も知らない父親たちが住んでいた海」
③「人物」（状況・父と太一の関係）
○父（村一番のもぐり漁師・「海のめぐみだからなあ」）
○太一（父へのあこがれ・「おとうといっしょに海に出る」）

3．これまでの学習を「作品の星座」（客観編）としてまとめる。　＜２時間＞
この「出来事の流れ」と「設定」をまとめる活動は、最も重要な「変容」を読み取るという、今後の学びの土台となることを確認させつつ進めさせる。

「作品の星座」客観編の作成

○それまでのすべての学習は、各自のノートに記述されて残る。ノートをもとに、Ｂ４版の画用紙にまとめる。
○画用紙の表側（客観編）の共通する観点
①「場面構成」－９つの場面（時）・基本４場面
②「あらすじ」－場面の一文まとめ
③「設定」－時（太一の成長）・場・人物（太一と父の関係）
④「視点」－三人称限定視点・視点人物「太一」（中心人物）

4．話題を設定し、「対話」活動を通して自らの読みをもつ。　＜７時間＞
（１）「三つの大きな問い」をもとに、「中心話題」を設定する。

◎「変容」を読み取るための「三つの大きな問い」
①　何が変わったのか？
②　どのように変わったのか？
③　どうして変わったのか？

☆立松和平『海のいのち』私たちの「中心話題」
「太一は、何故、瀬の主を殺さなかったのか。」

（２）中心話題を意識しながら、「個人話題」を設定し、自分の読みを進める。
（３）個人話題にもとづく「重要話題」を設定し、対話によって読みをつくる。
（４）「中心話題」について、対話によって自分の読みをつくる。

「対話」の活動の流れ

①「話題把握」－読みをつくっていく話題を確認する。
②「心内対話」－文章と心の中で対話し、自分の考えをつくる。一人読みの段階。ノートに、対話メモの作成。
③「ペア対話」－隣席の仲間と二人で考えを伝え合う。「目」で伝え「目」で反応を示しながら聞く。
④「全体対話」－40人の仲間と「目」で話し、伝え合う。
⑤「個のまとめ」－話題について、自分の考えをまとめる。

第３次「海のいのち」私の「作品の心」

1．自分の「作品の心」（読者である自分に最も強く語りかけてきたこと）を短く表現する。
2．自分の「作品の心」を他者に伝えるための解説文（説得の文章）として書きまとめる。
3．「作品の星座」（「作品の心」編）を画用紙の裏側に作成し、本単元の学びを振り返りながら、「海のいのち」の自らの読みのすべてをまとめる。　＜３時間＞

Ⅲ章
「海のいのち」全時間の授業

第1時 初読の「作品の心」を表現する
―「海のいのち」と出会い、初読の感想をもつ―

1 本時の概要

子どもたちと「海のいのち」との出会いの読みは、私の朗読による。子どもたちは、その出会いの読みの感想を「初読の『作品の心』（物語が自分に最も強く語りかけてくること）」として表現する。さらに、各自の「初読の『作品の心』」の解説文を書く。

2 本時の学習目標

● 「海のいのち」の１時間目。出会いの読みの感想を「初読の『作品の心』」として表現する。これから、最終的な「私の『作品の心』」として確かに受け取れるまでに、みんなで読み進めて行こうと確認し合う。単元全体の学びを貫く明確なめあてをもって単元「海のいのち」のスタートをきる。

導入～展開

1 読み通す

二瓶　今日から「海のいのち」の学習に入りましょう。二瓶ちゃんが一度全文を読んで聞かせます。君たちは二瓶ちゃんの読みを聞きながら、目で読んでいこう。一緒に読み通します。よろしいでしょうか。

―「海のいのち」二瓶の範読―

One Point

私の国語授業では、範読によって物語と出会わせることが多い。子どもたちには物語全文を目で追わせ、一緒に読み通すことで学級の学びをスタートさせる。出会いの読みのみ教科書を用いる。第2時以降は1枚プリントを用いた学習に入る。

2 初読の「作品の心」をまとめる

二瓶　「海のいのち」と出会って、最初に受け取った「作品の心」をノートに書いてみよう。どうして私はこんな作品の心を受け取ったのか、その解説文も書きましょう。20分時間をとります。

―子どもたちがノートに向き合う―

「海のいのち」初読の「作品の心」(2016年5月18日)

・命こそが一番大切なもの
・思い出は永遠に消えることはない
・父の背中を見続けることが大切だ
・命は大切なもの
・命には限りがあるんだよ
・命を大切にすることで、人は生きている。
・自分の信ずる道を行け
・命は二つない
・自然と人が一緒に生きることが大切。
・冷静に判断すれば、命の大切さが分かるよ。
・二個目の命は、簡単に殺せるものではない
・命は尊く、大切なもの
・命は命を育む
・第二の命はない
・父は必ず息子を見守っている
・よく見れば、どこかに大切なものがある
・父のいのちの偉大さ
・命は辛く、儚きもの
・命の大切さ
・努力すれば、夢は実現し、認められる
・命とは簡単なものではない
・自然は時に厳しく、時に寛大
・海のいのちは消えない
・大切なものは、すぐそばにある。
・一つの命として、周りと共存すること
・生きる上での命の大切さ
・この世には、命と命をつなぐ命がある。
・命を見つめてきた目は美しい
・葛藤の先には、必ず未来がある
・夢は好奇心で実現する。
・命はすべての場所に存在する
・人生は、いのちがあるからこそ、あるものだ。
・命は人がつくるもので、人は命がつくるもの
・生きてきた海は、最後まで自分を見守ってくれる
・海とともにいきることに意味がある
・父の背中を見て学べ
・目、それは心

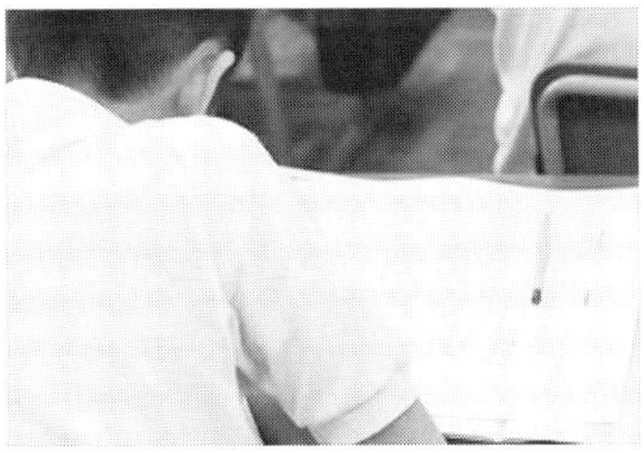

解説

「初読の『作品の心』(初発の感想)」を書くのは、教師が子どもの読みの実態を見取るためだけではない。子ども自身が「初読の『作品の心』」を表現することで、読みのゴールである「私の『作品の心』」に思いを馳せる。自分の立ち位置を見定めて、作品に向き合う出発点だ。
読みを深めていくことで「初読の『作品の心』」が変わることを体験している子どもたちは、これからどんなふうに自分の「作品の心」が変わっていくのか、ワクワクした気持ちで明日からの授業に臨むことになる。

子どものノート

初読の「作品の心」と解説文

「海のいのち」 立松 和平

○初読の作品の心

目、それは心。

「何か言わなきゃ、わからないでしょ」という人。でも話しかけた相手は「しゃべれない」で障害をもった人だった。話しかけられた人は、目で訴えようとしていた。なのに、その人の心なんて気にしようとしていなかった。

魚はしゃべれない。でも、クエの目、それは、何かをものがたっていた。ずっと、そこにいたのであろう。「おとう」があなたをねらい戦ったときから。

太一は、「おとう」に追いつこうとして、与吉じいさのもとへいき弟子にしてくれるようにたのんだ。でもただ追いつく、クエをとる。そういう

太一の目的は

ことではない。クエと「おとう」の真実がしりたかったのである。クエがいる。それに、「おとう」もいた。あの海には、その後。それを知れるのは、他に誰もいない。二人のそであった。だから、数年間太一は生きもしない。あの太一の海へもぐっていた。そこにはクエが修行した。ている二十キロぐらいのクエもいたのに、クエはしければ、そのクエをとれば、それはあのクエではなかった。はとらなかった。だから。

やっと、太一は見つけた。ただ、そのクエの姿にはさびしさを感じた。その目には、多くの思いがつまっていた。そして、太一は悟る。クエ、それば「おとう」であることを。

クエはしゃべれない。だからこそ思いつたはる。

たった二つの目で。

good good good!

「海のいのち」 立松和平

○初読の作品の心

夢は好奇心で、実現する。

解説文

太一は、夢がある。自分も夢がある。叶えたい

太一は、漁師になりたいと強く思っていた。与吉じいさと共に船に乗ったのも、叶えたい夢があったから。

幼い頃から漁師になりたいと思っていたのは、きっと父の大きな背中を見続けていたからだろう。

中学生になっても、その夢へのあこがれが変わらないのは、きっと「好奇心」が止まらなかったからだろう。

船に乗るのは、夢へ一歩でも近づきたかったからだろう。だが、船に乗ればなくなった父を思いだすだろう。悲しくないのか。辛くないのか。そんなことを思う。しかし、きっと海には、悲しさを思わせない「力」があるのだろう。その「力」に太一は引き寄せられたのだろう。

海への愛が深まっていっている時、与吉じいさもまた、海へと帰っていった。太一は一人でさみしくないのか。また思う。そんなときでも、太一には、海がいる。与吉じいさも父も海に行けば、きっと「ほっ」とした気持ちだっただろう。全ての感情をおだやかさでつつんでくれる海に誰もが安心しただろう。

太一が漁師になれたのも、全ては興味、好奇心、など、自分が海に行ってたくさんのことが知りたくなる気持ちのおかげだろう。

今では、守りたい愛や命に出会った。

good good good!

「海のいのち」立松　和平

初読の作品の心

●人生は、命があるからこそあるものだ。

〈解説文〉

太一の父は死んでしまった。きょ大なクエをたくさんつかまえて殺し、そしてクエの命をうばっていた。だから父の人生はなくなったのだろう。

太一は、村一番の漁師になるために、一生けん命海へ行って魚をとっていた。与吉じいさの子びきに「一びきでいい」という言葉を支えに何年も何年も海に行った。その時の太一は、ただ魚をとることに夢中になっていたにちがいない。

きょ大なクエはなぜ太一の父を殺したのか。その問いはとても深い意味があると思う。クエにとって太一の父は天敵であり、クエの仲間たちがたくさん殺されてしまうことにとても悲しみを感じていた。そして、そんな大切な命をうばっても、自分のため、とったことの喜びであふれる太一の父にとても怒りを感じていたにちがいない。太一の父は、クエの気持ちなど考えず、仕事のために、そして自分の利益のためにもぐり漁師になり、うれしそうにしていた。だから、太一の父にクエからの天ばつが下ったのだと思う。

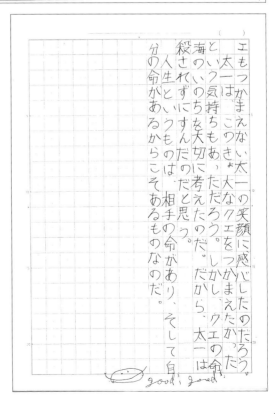

太一は、クライマックス場面で大きな岩のようなクエを見つけた。最初は自分の父を殺したクエだと思い、にくしみを感じていただろう。しかし、太一はクエの気持ちを考え、自分に殺されるクエのつらさを感じたのだ。だから、太一はクエを海のいのちだと考え、とらなかったのだ。そしてクエもつかまえない太一の笑顔に感じしたのだろう。

太一は、このきょ大なクエをつかまえたかったという気持ちもあっただろう。しかし、クエの命海のいのちを大切に考えたのだ。だから、太一は殺されずにすんだのだと思う。

人生というものは、相手の命があり、そして自分の命があるからこそあるものなのだ。

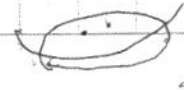

good! good

第2時 出来事の流れを大きく捉える（1）
—「海のいのち」の小さな場面構成・4つの基本場面を押さえる—

1 本時の概要

「海のいのち」の2時間目は、1時間目の学びを振り返り、物語の学習の最終ゴールを確認することから始めた。読みの最終ゴールである「作品の心」を捉える際に、何故、解説文と作品の星座をつくるのかを授業の最初に全員で確認した。学習の目的を明確にもち、最終ゴールを改めて見据えたうえで、全文1枚プリントを配布し、音読から入った。小さな場面の構成を考え、「時・場・人物」に着目し、4つの基本場面構造を捉えた。

2 本時の学習目標

- 「何のために学ぶのか」「そのためにはどんな学びが必要なのか」……各自が学びの目的意識を明確にもつことが大切である。詳細な読みに入る前の本時は、目的をもち、ゴールを見据えることを前半の学習目標とした。高学年段階ではすでに場面分けを施した全文1枚プリントを配布するが、「時・場・人物」の根拠によって場面分けがなされていることを全員で再度確認しておく必要がある。全文1枚プリントを用い、板書をもとに、子どもたちと作品の大まかな流れをつかむこと、基本4場面を押さえることを後半の学習目標とした。

導入

1 学びを見通す

二瓶 昨日から「海のいのち」の学習に入っています。昨日は何をやりましたか。

児童 まず物語を読んで、「初読の『作品の心』」をもつ。

二瓶 昨日の学習は1時間目で、一回読み、「初読の『作品の心』」をもちました。最終的に「海のいのち」を確かに読めたという最終段階が来ます。確かに読めた、と言えるのは？

児童 「作品の心」をつかんだとき。

児童 クライマックス場面での変容を捉えてからの「作品の心」。

児童 「作品の心」を捉えて「作品の星座」をつくる。

二瓶 「初読の『作品の心』」から最終的な、読みのゴールとしての「作品の心」をもう一度捉えなおす。

One Point
導入では、前時の学習の振り返りを行う。前の時間に何を学び、最終的には何を目指して、いまこの時間は何を学ぶのか…子どもたちに考えて行動させることで、目的意識をもって授業に臨むように仕向ける。

これが最後の活動だ。その際、解説文をしっかり書こう。何のために解説文を書くの？
どうして解説文が必要なんだろう。

児童　自分がその「作品の心」にした理由が、ほかの人にわかるように。解説文を書いているうちに、自分の「作品の心」がまた変わるかもしれない。

二瓶　「作品の心」は基本的に自分のものだ。でも、せっかく仲間と読み合っているのだから、「自分はこの『作品の心』だよ。この言葉で精一杯まとめたんだよ」とわかってもらいたい。だから、解説文が大事。解説文プラス、もう一つ出たね。

児童　「作品の星座」。

二瓶　「作品の星座」もまとめてみようか。でも「作品の星座」は何でつくるの？

児童　物語の流れを捉えることで、一目で変容がしっかりと読み取れるように詳しい読みをして、1枚の画用紙にまとめておく。

二瓶　様々な観点から、客観編と、作品の心編、裏表で自分の精一杯の「海のいのち」の読みを星座で表してみる。それを見た仲間が「ああ、こんな観点で読んだのか」とわかるように。
もう一つは「私の作品の心」を仲間に伝えるために、解説文を書きます。それがゴールでいいか？

解説

「作品の心」も「作品の星座」も私の国語教室のオリジナルの用語だ。「作品の心」は一般的に「主題」と呼ばれるものと同様な意味をもつ。物語の世界を受け取った子どもたちは画用紙の表裏を使って「作品の星座」をつくる。

展開

2　1枚プリントを読む

二瓶　そのために、これから2時間目。われわれは何をすべきだ？　どんな学びをするか？

児童　場面分けをして、出来事の流れを捉える。

二瓶　ここにいる仲間でもう一回しっかりと出来事の流れを確かめてみよう。場面で捉えなおしてみようということだね。何か欲しいものがあるかい？

児童たち　1枚プリント！

二瓶　どうして？　教科書があればいいじゃないか。

児童　教科書だとページがまたがっているから、場面分けがしにくい。

児童　1ページにまとまっていないと、変容とか、出

解説

挿絵が入り、何ページにも及ぶ教科書では、冒頭の一文と結びの一文を対応させて読み、物語全体を見通すことが難しい。出来事の流れを把握するため、全文1枚プリントの必要性を確認させたうえで、配布した。

来事の流れが捉えにくい。

児童　前ばなし場面と後ばなし場面が一気に見えたほうが対応とかがわかりやすい。

二瓶　なるほど。1枚プリントが欲しい人、取りに来て。

―1枚プリントにはすでに場面分けがしてある。―

児童　あれ？　場面分けしてある。二瓶ちゃんが分けたんでしょ！

二瓶　二瓶ちゃんが場面は9つと分けました。場面を追ってみよう。早読みでいいよ。

―個々に声に出して読む―

二瓶　せっかく仲間がいるんだ、みんなで読み合ってみよう。誰か一人が読んで、それを耳で聞きながらもう一回読もう。題名「海のいのち」 作者　立松和平　①場面　はじまりの場面です。

児童　①父もその父も、その先ずっと顔も知らない父親たちが住んでいた海に、太一もまた住んでいた。

二瓶　この一文は重要な一文だね。名付けて？

児童たち　冒頭の一文。

二瓶　冒頭の一文ね。いいでしょう。続けて。

―場面が変わる部分、言葉の意味を確認しつつ進める―

二瓶　OK。⑧場面。⑧場面って大事な場面っぽくない？　1回読んで気づかなかった？　なんでここ、大事だと思う？

児童たち　クライマックス場面！

二瓶　クライマックス場面はどういう場面だ？

児童たち　あることが大きく変わるところ。

二瓶　みんなが一回読んで気づいているように、クライマックス場面なんだよ。どこかで大きく変わる。何かがね。Hさん読んで。Hさんが読むのを聞いて「ここで大きく変わった」と思ったら、手を挙げてHさんと交代しよう。

児童（H）　⑧追い求めているうちに、ふいに夢は実現するものだ。(……)

解説

すでに場面分けを施したものを渡し「時・場・人物」の根拠をもとに場面分けがなされていることを確認させる。子どもたち自身による場面分けは中学年段階までに済ませておきたい。

One Point

「ごめん、冒頭の一文をもう一回確認しておこう。もう一回読んで。」と促し全員に読ませる。
「②場面。ここで場面変えました」
「『こと切れる』の意味は?」と途中で何度も立ち止まる。

解説

ポイントとなるクライマックス場面は、集中して捉えさせるため、「変わったところで挙手をしよう」と促して音読させた。

この魚をとらなければ、ほんとうの一人前の漁師にはなれないのだと、太一は泣きそうになりながら思う。

水の中で太一はふっとほほえみ、口から銀のあぶくを出した。

―10名ほどの児童が挙手―

二瓶　ストップ、ストップ。いま手を挙げている人が2，4，6、…。

児童たち　いや、もうちょっとあと。

二瓶　そうか、Hさん。続けて。

児童（H）　もりの刃先を足の方にどけ、クエに向かってもう一度えがおを作った。

「おとう、ここにおられたのですか。また会いに来ますから。」

こう思うことによって、太一は瀬の主を殺さないですんだのだ。大魚はこの海のいのちだと思えた。

―挙手が増える―

二瓶　いま手を挙げたところ、面白いなと思ってみました。クライマックス場面は、あること、多くは中心人物の心が最も大きく変わる。どこで変わるのか。この場面の中で変わるんだよな。変容を捉えていくときに、「この一文で変わるんじゃないか」ということが見えてくるかもしれない。場面としてはここで変わる。Hさん、結局全部読んじゃったね（笑）。よし、最後⑨場面、行こう。

―⑨場面音読―

解説

詳細な読みに入る前の段階では「ここで何かが変わるんだろうな」という漠然とした思いでいい。ここで何かが大きく変わることを確認するにとどめる。

3　小さな場面構成を捉える

二瓶　何故二瓶ちゃんはこのような9場面に捉えた？　場面が移り変わるときの根拠となるものは？　三つ言って。

児童　時・場・人物。

二瓶　時・場・人物に関わることで読むと場面が変わる。この９場面構成で捉えた二瓶ちゃんは、時、場、人物の何を大事にしてる？　ペアで確認してみよう。何故、二瓶ちゃんは９場面で捉えたか。

―ペア対話　２分間―

二瓶　OK。二瓶ちゃんは、②場面を「ある日、父は、」からにしました。何故ここから②場面にした？　教科書に②なんて書いていないね。でも、二瓶ちゃんはどう考えてもここから②場面にしないといけないと捉えたんだ。それは何故だ？

児童　「ある日」と書いてあって、時が変わったから。

二瓶　時ね。そうだね。それ以外にもっと大きな理由はないか？　①場面から②場面に変わるときに、いま言った時・場・人物で捉えるのと、もう一つ大きな理由がある。だから変えた。

児童　出来事の展開場面が「ある日」で始まるということだから。

二瓶　その通り、まったくその通りだけど。何か付け足して。もうちょっと、別の言葉で。

児童　出来事の始まりの最初は「ある」から始まるから。

二瓶　ある○○って多いよね。たとえば？

児童　「ある年の大みそか」「ある日」「あるところに」

児童　いろいろあってから「ある日」

二瓶　「ある日」ここから出来事が始まる。出来事が始まる一文である。出来事の展開場面がここから始まる。つまり①場面は？

児童　前ばなし。

二瓶　前ばなしと捉えると、どうしてもここから場面を変えないといけないな。ただ、時・場・人物でいっても、時―「ある日」で変わっている。何故ここから③場面にしている？

児童　「中学校を卒業する年の夏」と時が変わっているから。

二瓶　そうだな。②から③までにどれくらいの時が流れている？

児童　４，５年？

児童　子どもと中学生だから、結構かかってる。

One Point

私の国語教室では「対話」を次のように位置付けている。
①話題の把握…話し合う話題の確認
②心内対話…心の内の対話（一人読み）。自分の考えをつくる。
③ペア対話…自分の考えを対面する仲間と交流する。
④全体対話…自分の考えをクラス全員と音声言語で交流する。
⑤個のまとめ…自分の考えをつくる（ノートにまとめる）。

One Point

基本４場面構成
①前ばなし場面
（＝「設定」の部分）
＜物語の大もとの説明＞
②出来事の展開場面
（＝「展開」の部分）
③クライマックス場面
（＝「山場」の部分）
④後ばなし場面
（＝「結末」の部分）

解説

全文１枚プリントを用い、子どもたちと場面分けを確認し、作品の時の流れに着目させた。声に出して読み、作品の大まかな流れをつかむことを目的とする本時は、板書は授業の最初のみに止めた。

二瓶　②場面で、はっきり書かれてはいないけれど、まだ太一は幼いよね。それが15歳まで成長している。③場面から④場面までも時が移り変わる。「弟子になって何年もたったある朝」大きく時が流れるんだな。太一は何歳くらいになっている？

児童　二十歳！

二瓶　二十歳に近いな。結構立派な青年に成長している。④場面からさらに「ある日、母はこんなふうに」とくるからね。太一が成長して、ある日の出来事だから⑤場面としました。さらに⑥場面、時は流れる。⑥場面は、たった４行で分けているけれど。時が流れて、ある日のどういう出来事？

児童　「いつもの一本づり」って書いてあるから、毎日のようにやっていて、またいつものように、で。

二瓶　出来事と言えば？

児童　「いつもの一本づりで、二十ぴきのイサキをとった太一は、父が死んだ辺りの瀬にもぐった」

二瓶　不思議なのは、⑥場面の最後に「とうとう父の海にやってきたのだ。」って言っているけど、前から父の海に来てるよね。

児童　だけど。

二瓶　来てるだろう？　一本釣りに。そのためにじいさに弟子入りしてない？　「とうとう父の海にやってきたのだ。」って、前から来てるだろう？　そのためにじいさに弟子入りしたんじゃないか？　ということ。これはまたあとで確認しよう。

⑦場面。太一が瀬にもぐり続けて、さらに一年が過ぎる。そして⑧場面が、そのある日のクライマックス場面だよね。⑨場面が…

児童　「やがて」

二瓶　やがて、その後の太一の姿だな。⑨場面の太一はいくつくらいの太一だろう。

児童　30、20後半？

二瓶　大人になった太一のその後が描かれている。⑨場面はどういう役割をしている場面？

児童　後ばなし。

二瓶　後ばなし場面。つまりここは変容した太一が描

解説

「とうとう」って言いながら、前から来てるじゃん、と子どもたちを揺さぶり、「だけど」と子どもたちの中に「言いたい」気持ちが生まれるように仕向けるまでで、深追いはせずに流した。

かれているということですね。基本４場面はもういいね？　前ばなしがあり、そして出来事の展開場面が②③④⑤⑥⑦ときて、⑧場面がクライマックス場面、ここで大きく何かが変わる。そして⑨場面が、変わったその後が描かれている後ばなし場面である。よろしいでしょうか？

児童たち　はい。

二瓶　最も大きく変わることはなんだ？

児童　太一…。

二瓶　多くは中心人物の心。太一の心がここで変わるんじゃないか？　ってことだろうね。

―チャイム―

二瓶　出来事の流れをいま簡単に押さえたけれども、明日から、確かめつつ、変容を捉える読みに入っていきます。

解説

「プリントに、基本４場面を書いておきなさい。前ばなしと、クライマックス場面と、後ばなし。それぞれ２本線を引けば分けられるでしょう。」と指示して授業を終えた。

子どもの作品

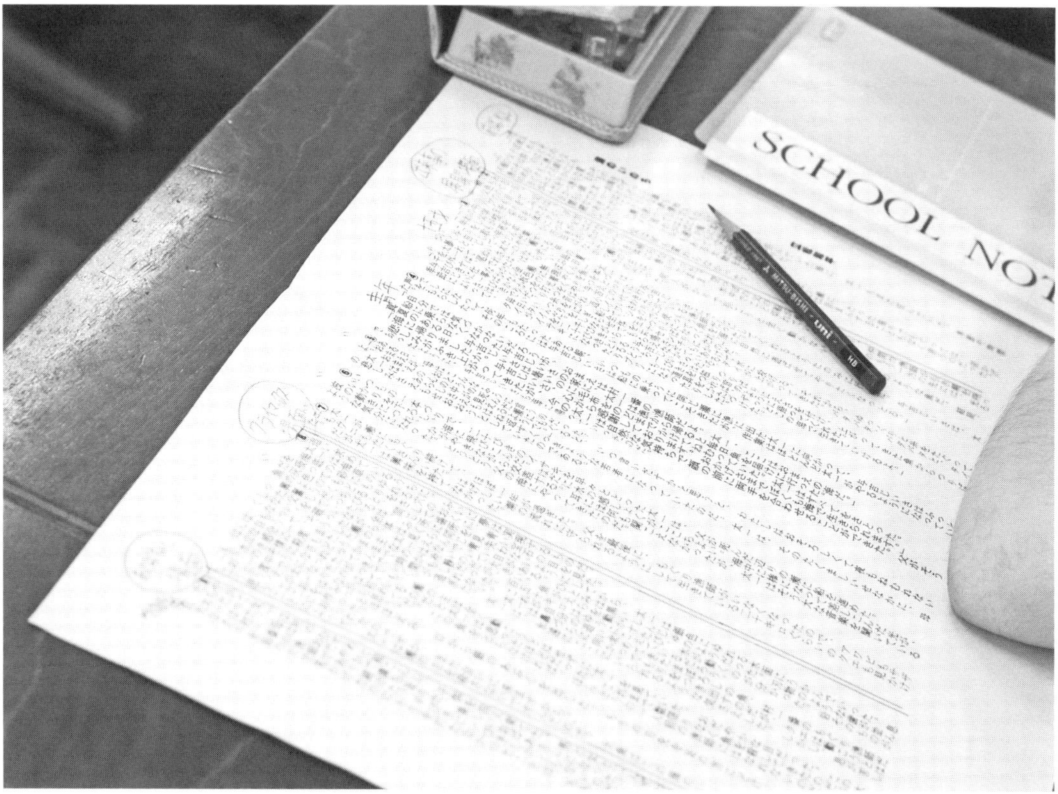

第3時 出来事の流れを大きく捉える（2）

—「海のいのち」の全体構成を捉え、あらすじをまとめる—

1 本時の概要

あらかじめ「９場面」構成としたプリントを学習材とし、この作品の場面の展開が、「時」の移り変わりによることを押さえつつ、９場面構成が妥当であることを確認し合う。さらには、その「時」の流れは、中心人物「太一」の生涯であることをまとめる。

物語の「あらすじ」のまとめ方は、既習の自力読みの力。授業では、②場面だけを取り出して、板書をもとに意見を出し合いながら、より適切な一文づくりを協同して行う。

2 本時の学習目標

- 前時の大まかな捉えをもとに、再度詳細な読みを行うことで「海のいのち」の全体構成を捉えることを目標とする。前時で捉えた場面分けの根拠「時」に着目し、本文に戻って、太一の生涯にわたる時の捉えをすることで、物語の全体構成をつかむ。ただ、なんとなく読むのではなく、書かれたことを根拠に、本文に何度も戻るように指導する。ペア学習を小刻みに挟む込むことで、子どもたち自身の言葉で表現するように仕向ける。

導入～展開

1 時の流れを押さえる

二瓶　昨日は小さな場面構成を大まかに捉えてみました。「海のいのち」は何場面構成ですか？

児童　９場面。

二瓶　二瓶ちゃんが分けた９場面ですが、昨日の検討で、大きくはこれで妥当だな、でよろしいですか？

児童　はい。

二瓶　９場面構成だという出来事の流れ、最も大きな根拠となることは何？　場面がこのように移り変わる、その最も大きな根拠は何だった？

児童　時！

二瓶　時の流れを追って⑨場面だと確認したよね。時が一番大きな根拠になる、と。この物語全体を通してみた時、どういう時の流れを描いている？　ペアでちょっと確認してごらん。何の時の流れ、どういう時の流れを描いているか。

One Point

子どもの言葉は、テンポよく投げ返し、言葉のキャッチボールを繰り返しながら思考を深めさせる。「なんとなく」ではなく、確かに納得して学習を積ませることが肝心。私の国語教室では、発言は常に着席のまま行う。

―ペアで確認の時間をとる（30 秒）―

二瓶 **よし止め。ごめんな、クイズみたいになっちゃって申し訳ないんだけど、とっても大事なことなの。どういう時の流れを描いている物語なんだろう。出来事全体なんだろう、ということ。**

児童 太一が、小さかった時から大きくなった時まで。

二瓶 **太一のどういう流れだ？　ある１週間か？　ある１か月か？　ある１年か？「太一の」で言えば何と言える？**

児童 太一の生涯。

二瓶 **太一の生涯と言ってもいいかもしれないな。太一の生涯を⑨場面構成で描いている。**
①場面：前ばなしは大きな設定場面だけれど、ここで描かれている太一は？

児童 ４行目に「子どものころから」と書いてあるから子どものころ。たぶん、幼い感じがする。

二瓶 **なるほど。付け足して。**

児童 「ぼくは漁師になる。」と、自分の夢や希望のような感じで言っているから、幼いのはわかる。

二瓶 **幼いね。幼い太一。もっと別の言葉で。**

児童 「ぼくは漁師になる。おとうといっしょに海に出るんだ。」と言っているから、子どもの純粋な心を持っている。

二瓶 **純粋な気持ちを持っている幼い太一として、描かれている。②場面の太一はいくつくらいだ？**

児童 ４年生か３年生くらいかな。①場面では幼い、まだ夢を持っている太一で、③場面だと中学生だからその間くらい。

二瓶 **幼い太一よりは、時は流れて、ちょっと成長した太一がいる。その頃の「ある日」だろうね。**

児童 お父さんは②場面で死んでしまっているけれど、その時、太一がワーワー泣いたとか書かれていないでしょ？　もしも幼かったら、泣きそうだから、小学校の高学年くらいになっているんじゃないかな、と思った。

二瓶 **なるほどね。小学生って書くか？　人の生涯を書くときに何と書けばいい？**

児童 少年。

二瓶 **少年と言えば、ちょうど君たちくらいか？**

児童 もうちょっと下かもしれない。

OnePoint
隣同士で確認し合う時間を小刻みに挟み込む。音声言語として発することで、考えがまとまり、自分の理解を明瞭にできる。

OnePoint
「なるほど。付け足して」「もっと別の言葉で」と即座に投げかけ、子どもたちの発言を促す。「書かれていることを根拠にしないと、勘になってしまうよ。」と声掛けを行い、「なんとなく」ではなく、詳細な読みを促す。

2 本文に戻って、太一の生涯を追う

二瓶 ③場面の太一は？

児童 中学校を卒業する年の夏。中３。

二瓶 中３っていうのは？

児童 15歳。14から15。

二瓶 15歳にしておこうか。中学校を卒業する年の夏。中３の夏。これがちょっと引っかかっている人、いない？　中学校を卒業する年の夏、弟子入りする？　なんか、ちょっと心に引っかかっている、という人。気になっている人いる？

児童 卒業する年の夏って、まだ学校もあるわけでしょ。だけど、与吉じいさの弟子になる。夏休みに。

二瓶 夢を果たすために、中学を卒業し、義務教育を終えた時点で働く人はいっぱいいる。でも、太一は卒業を待たずに、夏に弟子入りしている。その弟子入りもちょっと気にならない？　あの言葉。

児童 「無理やり」

二瓶 そうなんだよ。無理やり弟子入りしていないか？　きっと、ここには太一の思いがあるはずだ。15歳の太一には、何らかの強い思いがあるんだろう、というのが③場面。④場面行こうか。

児童 「村一番の漁師だよ」と言われているから、二十歳くらい。

二瓶 言いたいことはわかるね。「村一番の漁師だよ」と言われているからかなり成長した太一。大きくまとめて二十歳の太一と書こうか？

児童 成人になった太一。

二瓶 そういう言葉も有りかもしれんな。

児童 成人になったというのは、それまでずっと弟子をやり続けてきたということだから、一人前になった太一だと思う。

二瓶 一人前になった太一。生涯でいうと？　セイネン太一にしていいか？

児童 はい。

二瓶 セイネンっていうのは、漢字でどう書く？

児童 青い年。

二瓶 いくつくらいが青年？　高校を卒業する、大学生、二十歳前後か？　⑤場面の太一は？　⑥、

One Point

「大したもんだ、みんな手を挙げているのか」とつぶやくことで子どもたちも乗ってくる。

解説

二十歳、成人、青年、と言葉を押さえ、イメージを共有する。

⑦、⑧、⑨場面ずっと追いなさい。このあとペアで確認。

二瓶　⑤場面、⑥場面、⑦場面、⑧場面、⑨場面、確かに時は流れているよね。でも、生涯で追うと、青年太一であることは、④場面以降変わらないよな。④場面から⑨場面、1年が流れたり、「ある日」と来るけれど、青年太一ですべての場面をまとめることはできないか？　違和感ある人いる？　⑨場面まで青年太一が描かれている！

児童　いや、違う。

二瓶　もう一回言うぞ。1年経った、その時の「ある日」とか、いろいろ出てくるけれど、くくりとしては青年太一と言っていいんじゃないか？　⑨場面まで。

児童　⑧まではいいような気がするけど、⑨に「やがて太一は村の娘と結婚し子どもを四人育てた。男と女二人ずつ」って書いてあったから、青年だったらなんだかちょっとおかしいような。

二瓶　なるほどね。となると、どうまとめる？

児童　お父さん！

二瓶　お父さん太一か。「生涯語らなかった」と言っているから、それこそ、その後の生涯。よし、じゃあ、青年太一というくくりで⑤場面、⑥場面、⑦場面、クライマックス場面ときて、⑨場面は、その後の太一としてまとめておこう。

解説

「④場面以降、青年でいいね?」とゆさぶりをかける。「だって、死までのことを描いているわけでしょう?　直接言っていないけれど『死ぬまで生涯』と言っているから。というくくりでいいですか?」と畳みかけた。

One Point

新しい意見はパー、友達の意見に付け足しの場合はチョキで挙手。指サインに応じ、また「私を指して！」という目力のこもった子どもを指名し、話をつなげていく。

3　あらすじまとめをする

二瓶　幼い太一が、少年太一が、15歳の太一は、あるいは、青年太一……そういうふうにまとめることができないか？　それを何という？

児童　あらすじ。

二瓶　あらすじをまとめるための極めて重要な学習にならない？ペアでちょっとやってみようか。②場面を少年太一が…と短い一文でまとめてみよう。

―ペアで（1分30秒）―

二瓶　止め。②場面、少年太一は外せない言葉だとい

ま押さえた。②場面の小さな出来事をなるべく短い一文でまとめようとすると、どんな一文になる？

児童　太一の父がクエをとろうとして死んだ。

児童　少年太一だよ。

二瓶　**少年太一の父が？**

児童　クエをとろうとして死んだ。

二瓶　**もっと短くなるじゃない。少年太一の父が死んだ。**

児童　えー、だめだめ。クエは入れないと。

二瓶　**なるべく削れ！**

児童　でも、クエは削れない。

二瓶　**少年太一の父が死んだ。つまり、これは太一の父の死の場面でしょ？　いいじゃない、これで。**

児童　そういうことじゃない。クエは入れないと。

二瓶　**ちょっと待って。クエという言葉は必要、ということね？　どこに入る？**

児童　クエより瀬の主のほうがよくない？

二瓶　**②場面の小さな出来事をなるべく短い、しかし、外してはいけない言葉は入れながらまとめるとすれば、どういう一文になるか。「少年太一の父がクエによって死んだ」ここまできたけれど、まだベストではない。もう一回ペアで、どうぞ。**

―再びペアで確認させる（30 秒）―

児童　少年太一の父が瀬の主であるクエを殺そうとしたことで死んだ。

二瓶　**大分複雑に直したな。クエはこのままではよくないということ？　瀬の主を入れるべきだという人。**

児童たち　はい！（多くの手が挙がる）

二瓶　**何故ただのクエではなくて、瀬の主が何故必要？**

児童　クライマックス場面で、「20 キロぐらいのクエを見かけても太一は興味を持たなかった」とあるから、瀬の主を入れないとダメ。

二瓶　**クライマックス場面とつなげて、②場面の一文を考えようとしているのはとっても大事。②場面だけで考えたらクエでもいいじゃないか、ということになるが、ただのクエではなくて、瀬**

One Point

「まだまとめきれていなくてもいい。ペアでやっているときに、自分の考えをつくれ」と促す。

の主クエとしたほうが、より②場面の一文まとめにはふさわしい。それはクライマックス場面で、という言い方をしている。大変いい読み方です。

児童 クライマックス場面で「追い求めているうちにふいに夢は実現するものだ」と書いてあって、追い求めているものは、150キロはゆうに超えていた大きなクエ。父がクエによって死んだというクエはただのクエじゃない。そういうところを大切にしないと、クライマックス場面につながらない。

二瓶 だから「瀬の主・クエ」としなければならない。「瀬の主・クエ」は共有しよう。「少年太一の父が瀬の主・クエによって死んだ」これでベストじゃない？　だめなの？　ベストを目指せ。これでもいいかもしれないけれど、もっと相応しい一文はないか？　とやっているわけだ。やってみよう。

児童 少年太一の父が瀬の主・クエと闘い死んだ。

二瓶 「瀬の主・クエによって」ではなくて、「瀬の主・クエと闘い」とか「闘って」を入れるわけね？「少年太一の父が瀬の主・クエと闘って死んだ。」なるほど。付け足しか？

児童（S） 少年太一が父の死によって、瀬の主の存在を知った。

二瓶 それもわかるけれど、いまのこれをどうするか、という方向でやってよ。

児童 「少年太一の父が緑色の目をした瀬の主・クエと闘って死んだ。」

二瓶 緑色っていう読みはあとから大切になってくると思うけど、まだおいておこう。クエによって死んだ。クエと闘って死んだ。どちらでもいいのかもしれない。死んだと言っているけれど。別の言い方をすれば、闘って…

児童 殺された？

二瓶 嫌な言葉だけれど「殺された」という言葉も、このあと重要になってこないか？　だから「殺された」でもいいんじゃないかな。「死んだ」でも「闘って死んだ」でもいい。ノートに②場面の一文を書きなさい。みんなで読み合ってつくった一文をもとにして自分の一文をまとめな

One Point

小さな場面を一文で書き表す。
①時・場・人物（したこと・思ったこと）の重要語句を読み落とさない。
②余計な言葉を省き、言葉を吟味してなるべく一文でまとめる。
③「大きな設定場面」と「クライマックス場面」は2文も可。

さい。
いまのような一文まとめのしかたは、４年生からあらすじをまとめる学習で少しずつやってきました。②場面だけ、あえて時間を使ってやった。ほかの場面の一文まとめは自力でできる？

児童　はい。

二瓶　少年太一、青年太一を入れながら、それぞれの場面を一文でまとめることはできますか？　できる人、手を挙げてください。

―全員の挙手を確認して―

はい。できると思います。自分なりの一文でまとめてごらん、というのを今後やりましょう。

解説

②場面だけ、協同して一文づくりを行い、あとの場面の一文づくりは、各自のノートでの自力読みに委ね、「作品の星座」の客観編で整理させる。

子どものノート

場面ごとの一文まとめ

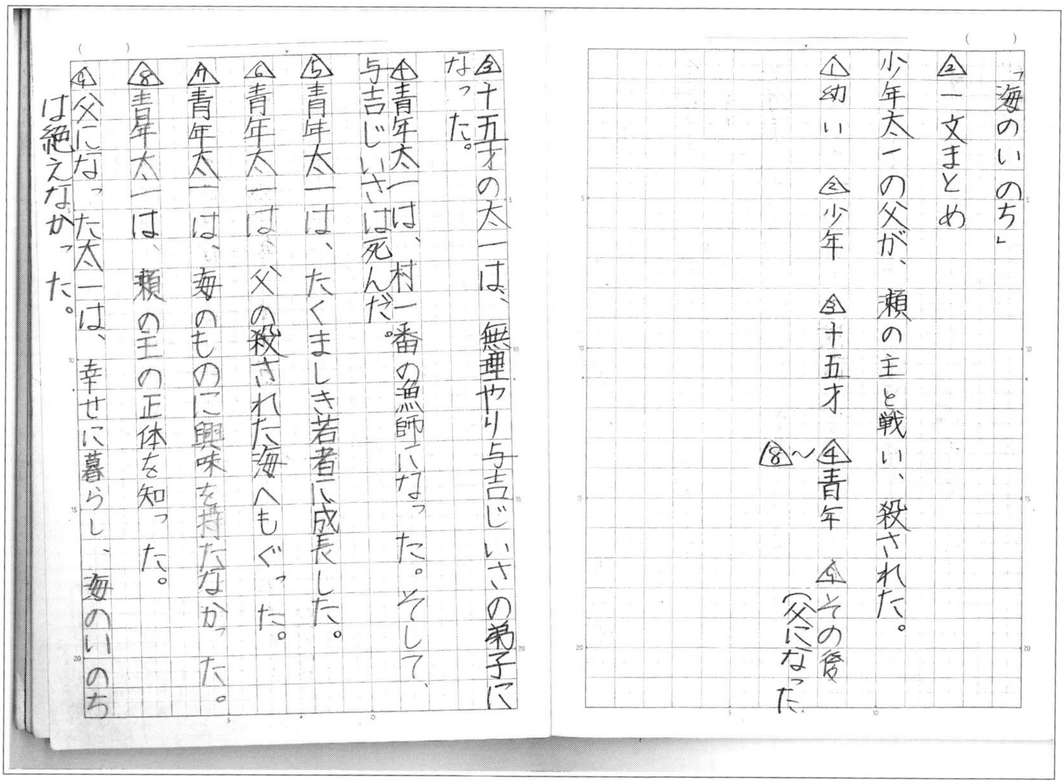
「海のいのち」
②一文まとめ
少年太一の父が、瀬の主と戦い、殺された。
①幼い　②少年　③十五才　⑧〜④青年　⑨その後（父になった）
③十五才の太一は、無理やり与吉じいさの弟子になった。
④青年太一は、村一番の漁師になった。そして、与吉じいさは死んだ。
⑤青年太一は、たくましき若者に成長した。
⑥青年太一は、父の殺された海へもぐった。
⑦青年太一は、海のものに興味を持たなかった。
⑧青年太一は、瀬の主の正体を知った。
⑨父になった太一は、幸せに暮らし、海のいのちは絶えなかった。

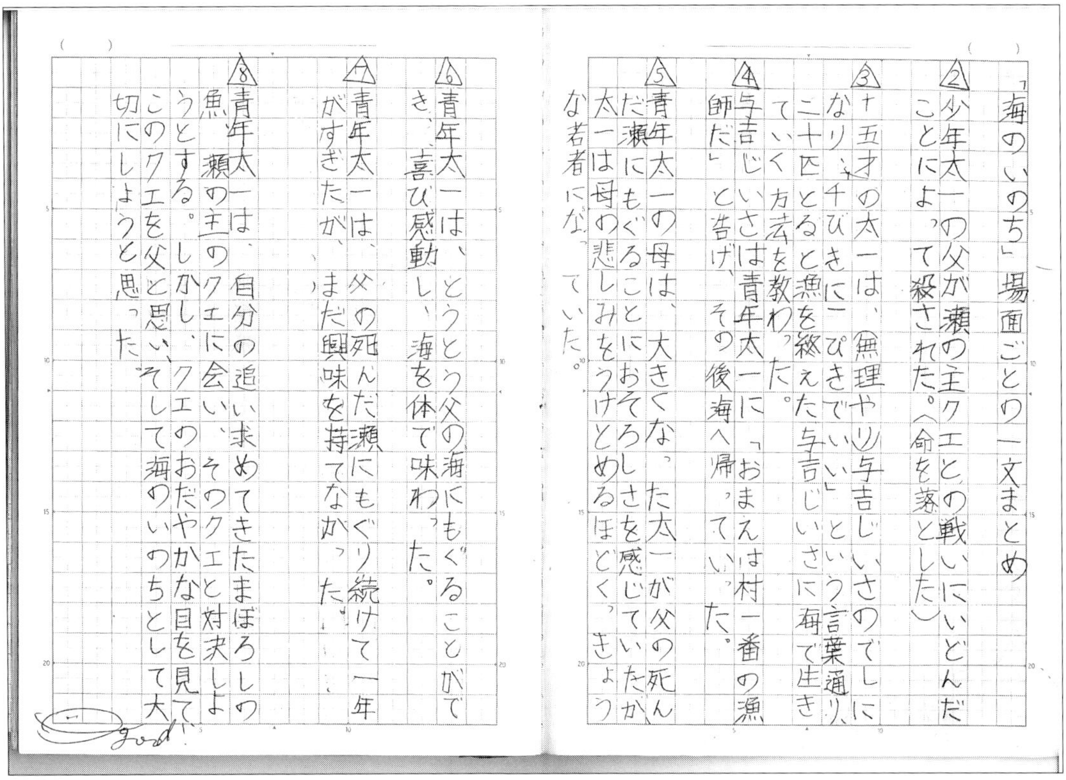
「海のいのち」場面ごとの一文まとめ
△2 少年太一の父が瀬の主クエとの戦いにいどんだことによって殺された。(命を落とした)
△3 十五才の太一は、無理やり与吉じいさのでしになり、「千びきに一ぴきでいい」という言葉通り、二十ぴきとると漁を終えた与吉じいさに海で生きていく方法を教わった。
△4 与吉じいさは青年太一に「おまえは村一番の漁師だ」と告げ、その後海へ帰っていった。
△5 青年太一の母は、大きくなった太一が父の死んだ瀬にもぐることにおそろしさを感じていたが、太一は母の悲しみをうけとめるほどく、きょうな者になっていた。
△6 青年太一は、とうとう父の海にもぐることができ、喜び感動し、海を体で味わった。
△7 青年太一は、父の死んだ瀬にもぐり続けて一年がすぎたが、まだ興味を持てなかった。
△8 青年太一は、自分の追い求めてきたまぼろしの魚 瀬の主のクエに会い、そのクエと対決しようとする。しかし、クエのおだやかな目を見てこのクエを父と思い、そして海のいのちとして大切にしようと思った。

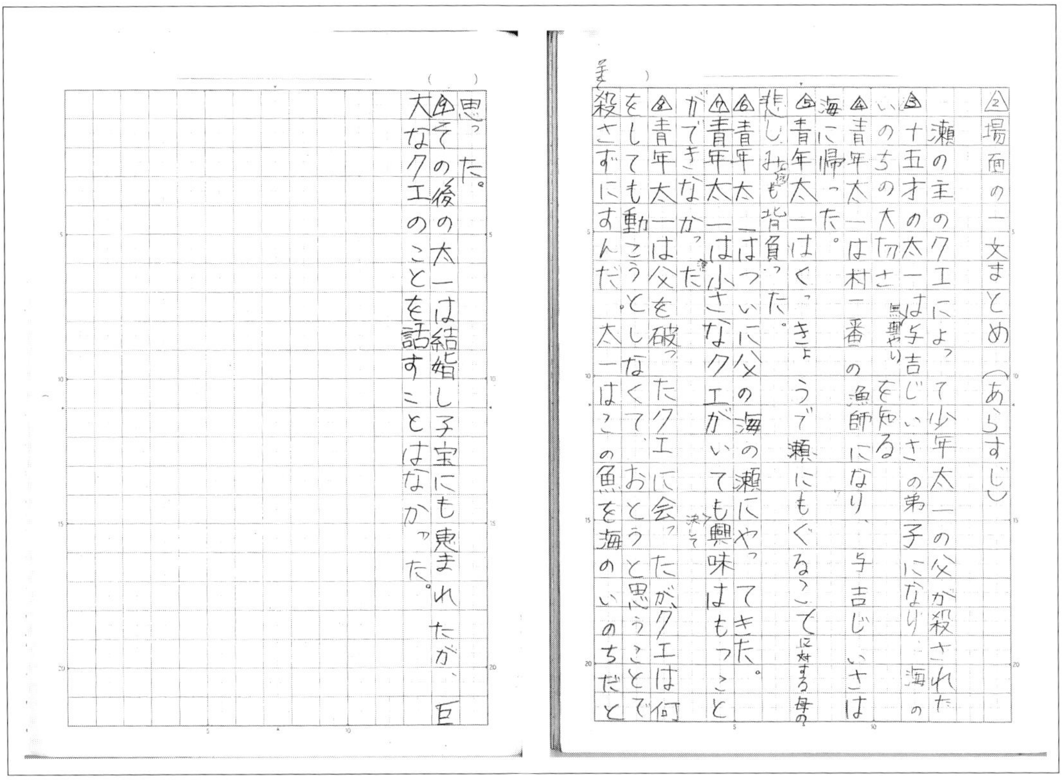
△2 場面の一文まとめ(あらすじ)
瀬の主のクエによって少年太一の父が殺された
△3 十五才の太一は無理やり与吉じいさの弟子になり、海のいのちの大切さを知る
△4 青年太一は村一番の漁師になり、与吉じいさは海に帰った。
△5 青年太一はくっきょうで瀬にもぐることに対する母の悲しみも背負った。
△6 青年太一はついに父の海の瀬にやってきた。
△7 青年太一は小さなクエがいても興味はもつことができなかった。
△8 青年太一は父を破ったクエに会ったが、クエは何をしても動こうとしなくて、おとうと思うことで殺さずにすんだ。太一はこの魚を海のいのちだと思った。
△9 その後の太一は結婚し子宝にも恵まれたが、巨大なクエのことを話すことはなかった。

第4時 前ばなしを中心に設定をまとめる
—前ばなしの「時・場・人物（状況）」を捉える—

1 本時の概要

前時までに押さえた基本４場面（前ばなし・出来事の展開場面・クライマックス場面・後ばなし）を再確認し、「前ばなし」の「時・場・人物（状況）」の設定をまとめる。

①「時」—○（太一の生涯）「前ばなし場面」では「幼い太一」

②「場」—○海「父もその父も、その先ずっと顔も知らない父親たちが住んでいた海」

③「人物」（状況・父と太一の関係）

　○父（村一番のもぐり漁師・「海のめぐみだからなあ」）

　○太一（父へのあこがれ・「おとうといっしょに海に出る」）

2 本時の学習目標

●「前ばなし」をしっかりと読んでいなければ、物語は詳しく読めないこと、「前ばなし」には極めて重要な設定が説明されていることを理解して、前ばなしの「時・場・人物（状況）」を捉える。「海のいのち」における「中心人物の心」は単なる「気持ち」レベルではなく、「生き方」「価値観」であることを子どもたちの言葉で表現させる。

導入〜展開

1 基本４場面を捉えなおす

二瓶　黒板に書いたのは何でしょうか？

児童　全体の場面構成。

二瓶　「海のいのち」は９場面構成であることは、確かめた。出来事の流れを場面の移り変わりで捉えてみました。「海のいのち」は基本４場面をしっかり持っているよね。前ばなし場面は？

児童　①場面。

二瓶　「海のいのち」の①場面は、ほんとうに前ばなし場面か？　前ばなし場面って、どういう役割だ？　つまり、何が書かれている？

児童　時・場・人物とか、大もとの設定。（自信がないのか声が小さくなる）

二瓶　物語の大もととなる設定。時・場・人物（状況）について、説明をしている場面。出来事はまだ始まっていない。出来事は②場面から始まりま

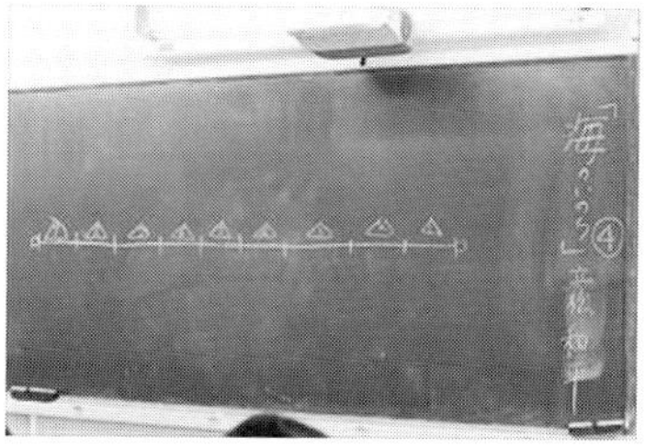

One Point

基本４場面

1　前ばなし場面。

2　出来事の展開場面。

3　クライマックス場面。

4　後ばなし場面。

を押さえる。基本的なことも流さず、繰り返し押さえて進む。

す。よくある典型的な始まり方だな。

児童　ある日。

二瓶　ある〜とくる、実に多い出来事の始まり方。②場面、③場面、④場面と、出来事が展開していく。クライマックス場面はどこですか？

児童たち　⑧場面！

二瓶　これは絶対にブレないな。ここがクライマックス場面で、あること・中心人物の心が大きく変わるという言い方をしていますが、心って単なる気持ちレベルかね？　物語によっては、その心が単なる気持ちレベルではないときがある。「海のいのち」を読むときに、気持ちが変わったなレベルで読んでいいのかね。その心は、気持ちではなく、こんな言葉で表現できる、という人？

—数人が手を挙げる。不安げな子どもたちも多い—

二瓶　とても難しいことをいっているけれど、そういう読み方をしていかないと、クライマックス場面は読めない。つまり描かれている変容が見えないんだよ。確かに気持ちも変わることはある。プラスの心からマイナスへ、マイナスの心からプラスへと、気持ちが変わるという意味の心な。気持ちレベルの心ではない、別の言葉で何か言えるか？

児童　思い。

二瓶　思い。気持ちよりは思いの方が強いか？ほかに？

児童　意思。

二瓶　意思が変わる。なるほど。

児童　生きざま。

二瓶　生きざまが変わる。なるほど。

児童　人生。

二瓶　人生が変わる。気持ちレベルではなく、生きざま、人生、…ほかに。

児童　夢。

二瓶　夢が変わる。はー、面白そうだな、これも。有りかもしれん。

児童　生き方。

二瓶　生き方が変わる。中心人物の心が変わる。心って、と考えなさい。いま言ったレベルで、「海

One Point

音読以外ではじめて挙手をした子を指名。「○○さんは『海のいのち』の学習で、音読以外ではじめて意見を言うな。よし、言ってみよう」とほめてから発言を促した。

解説

「中心人物の心が変わる」の「心」は単なる「気持ち」では流せない。「心って何？」と立ち止まり、「思い」「意思」「生きざま」「人生」「夢」などと、子どもの言葉で表現させた。「心って何？」と考えることで、今後の変容の読みが変わってくる。

のいのち」が描いている変容を捉えようということだな。クライマックス場面で大きく変わる。クライマックス場面は⑧である。⑨場面が？

児童たち　後ばなし場面。

二瓶　後ばなしって、どういう性格の場面だ？

児童たち　大きく何かが変わった、その後。

二瓶　⑨場面は終わりの場面だから、なんとなく後ばなしじゃだめだよ。「海のいのち」の⑨場面は大きく何かが変わった、その後を描いている。②③④⑤⑥⑦が出来事の展開場面、という基本４場面であることをまずは全員で押さえておこう。「小さな場面で９つだ」「基本４場面でいうと、こんな場面構成だ」とやっているのは、図で表して終わりではない。意味があるんだよね。共有しなければいけないのは何のためだ？

児童　「作品の心」のために変容を捉えることが大事で、変容を捉えるにはクライマックス場面を読み直すことと、前ばなし場面と後ばなし場面を対応させることで違いが見えて、変容を捉えられる。

二瓶　そういうことだよな。このあと変容を捉える読みが待っている。だからこそ、押さえてみる。クライマックス場面はここだよな、ここで何かが変わる。もう見えているだろう。何が、どのように、どうして、という３つの問いがあるけれど、「何が」はもう見えているよな。「何が」変わる？

児童　まとめると「太一の心」。

二瓶　その心は、太一の単なる気持ちレベルの変容ではなくて、人生に関わる「生き方」。「価値観」という言葉もあるんだ。自分が最も重要だと思うこと、「自分はこうだ」、夢も含めて、こういうふうに生きるんだ、何を大切にしているか、それを価値観という。「価値観が大きく変わる」、「生き方が変わる」「生きざまが変わる」というレベルでの太一の心。そういう考え方、読み方で変容を捉えてみようということ。いいでしょうか。この後、話題をしっかりと設定して、話し合い、対話をしてみよう。対話をする中で、だんだんと見えてくるのが「作品の心」。いよいよ変容を捉えるための対話を中心にした学習を展開します。

解説

ここでもペア対話を挟み、先に考えた太一の心、気持ちを表現する言葉として「価値観」を紹介した。変容の読み・対話に入るために、これまでの学習を「作品の星座—客観編」にまとめる学習を行う。

その前に、ここまでの学習を一回整理しよう。整理する方法は？　どうやって整理する？

児童　作品の星座の表面というか…。

児童たち　客観編！

二瓶　作品の星座の客観編で整理して、それが終わったら、変容を捉える学習に入っていこう。作品の星座に書けることは、場面の基本構成のほかに？

児童　あらすじ。

二瓶　この前の時間に②場面だけを一文でまとめたね。全部の場面を一文まとめして、合体した文章こそが「あらすじ」。みんなでワイワイしませんが、各自あらすじを客観編で整理してみてください。

もう一つ、極めて重要なことがあるな。何だ？客観編で極めて重要な学び。一人でやるべきことだけれど、客観編に書くべき何がある？

児童　出来事の大もとの説明。

二瓶　付け足して。

児童　大もとの設定で、前ばなしに書いてある時・場・人物を捉える。

二瓶　いいね。大もととなる設定、時・場・人物、前ばなしの読みは必要だよ。まだある？

児童　「初読の『作品の心』」。

二瓶　そうだな。「初読の『作品の心』」は1時間目にやっているから、それも書いておこう。

児童　視点。

二瓶　視点について。三人称視点、一人称視点を学んだね。「海のいのち」の視点は何だ？

児童たち　三人称視点。

二瓶　「海のいのち」は三人称視点の？

児童　限定視点。

二瓶　視点人物は誰？　心を詳しく描かれる人物は？

児童たち　太一。

二瓶　視点人物：太一。だからこそ、クライマックス場面で大きく変わったのは、中心人物・太一の心だろうと見えてくる。視点と絡めればなおさら。よし。前ばなしの読みをやっておこう。時・場・人物、押さえるべきことは何だ？ペアで相談して。

―1分ほどペア対話―

One Point

視点
一人称視点
三人称視点
・限定視点：ある登場人物の視点に限定して語る
・全知視点：語り手が、すべての登場人物の視点から語る
・客観視点：語り手が、どの人物の視点からも語っていない。
を合わせて確認した。

解説

「前ばなしの読み、自力に任せていいか？」との問いかけに対し、多くの子どもたちが「いい」という中で、少し不安げな顔つきの子が数人いたので、前ばなしの読みを全体で確認した。

2 前ばなしを押さえなおす

二瓶 よっしゃ、行こうか。時で見えることはありますか？　前ばなし場面で、大もととしての時は？

児童 太一が幼かった時。

二瓶 幼いころを大もとと設定しちゃうと、物語全体が太一の幼いころの出来事になっちゃう。前ばなしに書かれているのは幼い太一。でも、物語全体の時と言えば、太一の生涯の時の流れを追っている。

場は？　場については結構設定しているよね。

児童（S）「父もその父も、その先ずっと顔も知らない父親たちが住んでいた海」

二瓶 なるほど。海が舞台なんだな。

児童 まとめすぎ！

二瓶 まとめすぎか？　舞台は海だけど、Sくんが言ったことを書いておく必要があると思う人？　単なる海じゃなくて？

児童（S）「父もその父も、その先ずっと顔も知らない父親たちが住んでいた海」

二瓶 冒頭の一文で場の説明をしている。単なる海ではなくて、この海だということが後で突然輝き出すことがあるかもしれない。だから、わざわざ言っている。「父もその父も、その先ずっと顔も知らない父親たちが住んでいた海」が大事な舞台。絶対押さえておかなければいけない人物は？

児童たち 太一！

二瓶 太一が中心人物だ。太一がいて、前ばなしで読める人物は？

児童たち 父。

児童 与吉じいさ。

二瓶 与吉じいさは、まだ、前ばなしでは読めないよ。太一と父は押さえておきましょう。太一はどのような人物だ、父はどのような人物だ、というのは書けるよな。さらに、太一と父の関係、状況になるかもしれないけれど、それも大事だね。何を付け足すべきか、ちょっとワイワイ対話してごらん。

解説

冒頭の一文を大切にする子どもの発言を「なるほど。海が舞台なんだな」と軽く流すことで、前ばなしを大切に読もうする意識が高まるように仕向けた。

—30 秒—

二瓶　**よっしゃ、行こう。人物の設定で、大切になる言葉。これだけじゃ弱いよね。どういう言葉で太一を押さえる？　父を押さえる？　さらに「状況」として、この関係をどう押さえる？大切な言葉。**

児童　太一と父の関係なんだけど、「ぼくは漁師になる。おとうといっしょに海に出るんだ。」と太一は言っていて、太一はこういってはばからなかったって書いてあって、それだけ強くそう思っていたということだから。父親を尊敬とか「すごい」って思っていなければ、そんなことは言わないと思うから。太一は父のことを尊敬していたと思う。

児童　場の意味ってあると思う。父はもぐり漁師だった。

児童　太一は漁師になりたい。

児童　太一は父にあこがれていた。

児童　父は決していばらないで…自然と…。

二瓶　**いま言ったこと大事だと思う。父について、決していばらない…押さえておこうや。**

児童　父は二メートルもある大物をしとめても、自まんすることもない。自分がとったから偉いではなく、「海のめぐみ」という。

児童　すごいクエが取れたら、普通の人なら「よっしゃ、めっちゃ大きいのが獲れた」と思うけど、父は動じないで「海のめぐみだからな」って言う。自分のやりたいことをやるんじゃなくて、魚を獲って食べさせてもらっているということを前提において、そういう姿勢を太一は尊敬していると思う。

二瓶　**もうこれでいい？**

児童　太一は海が好き。

児童　もぐり漁師に付け足しなんですけど、誰ももぐれない瀬、瀬のもぐり漁師。

二瓶　**いまの大事かもしれない。ただのもぐり漁師ではない。**

児童　たった一人のもぐり漁師。

二瓶　**ほー。**

児童　村一番のもぐり漁師。

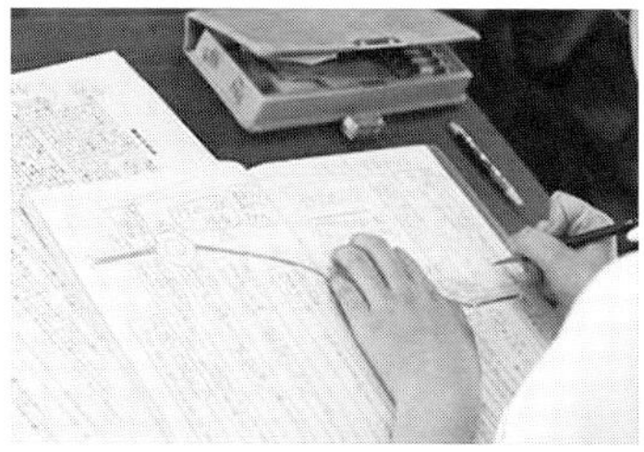

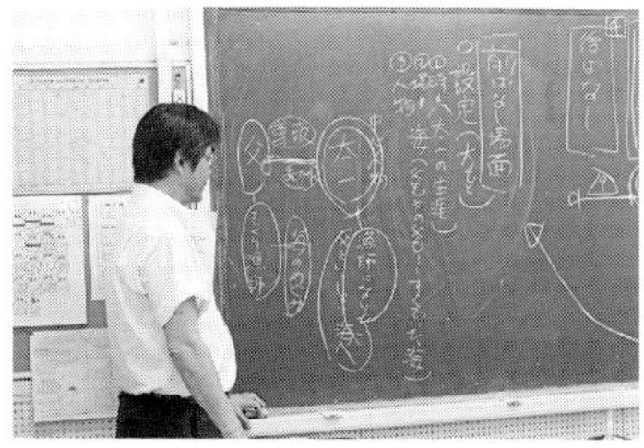

解説

この時点で、すでに自力読みに近いことを行い「作品の星座」をノートにまとめている子どももいれば、板書を写すだけの子もいる。変容の読みに入る前のスタートラインを揃えるために、このあと2時間かけて「作品の星座―客観編」を書く。

二瓶　村一番のもぐり漁師って言葉、あったっけ？

児童　前ばなしにはないけど。

二瓶　村一番の漁師は出てくるんだよね。この前ばなしについて、いまみんなで押さえたこの言葉は一人一人が整理するときに押さえるべき言葉だと思います。あと７分あります。押さえるべきこと、黒板に書いてあることは最低限メモしなさい。

前ばなしのあの読みは、少なくともメモしておけよ。右側の場面構成は、そんなに丁寧に書いておかなくても自力で書けるでしょ？　前ばなしの読みはメモしておきなさい。

黒板で押さえたことをもとに、自分なりの客観編をつくりましょう。

子どものノート

基本４場面と前ばなしの読み

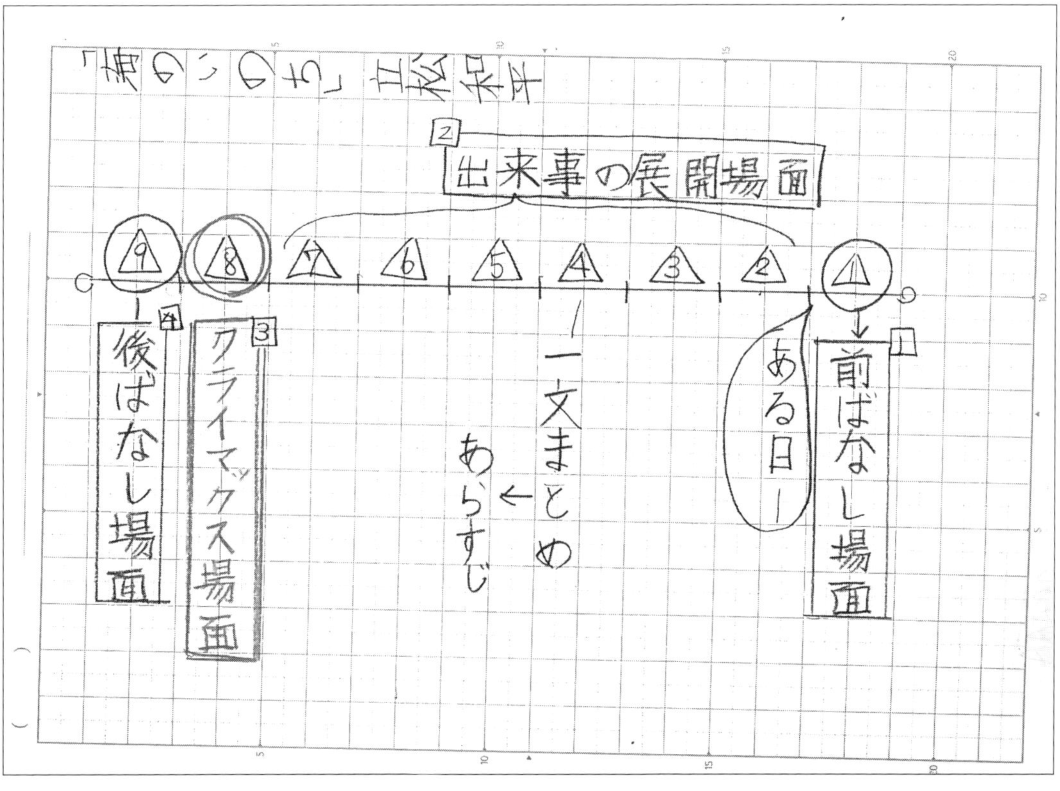

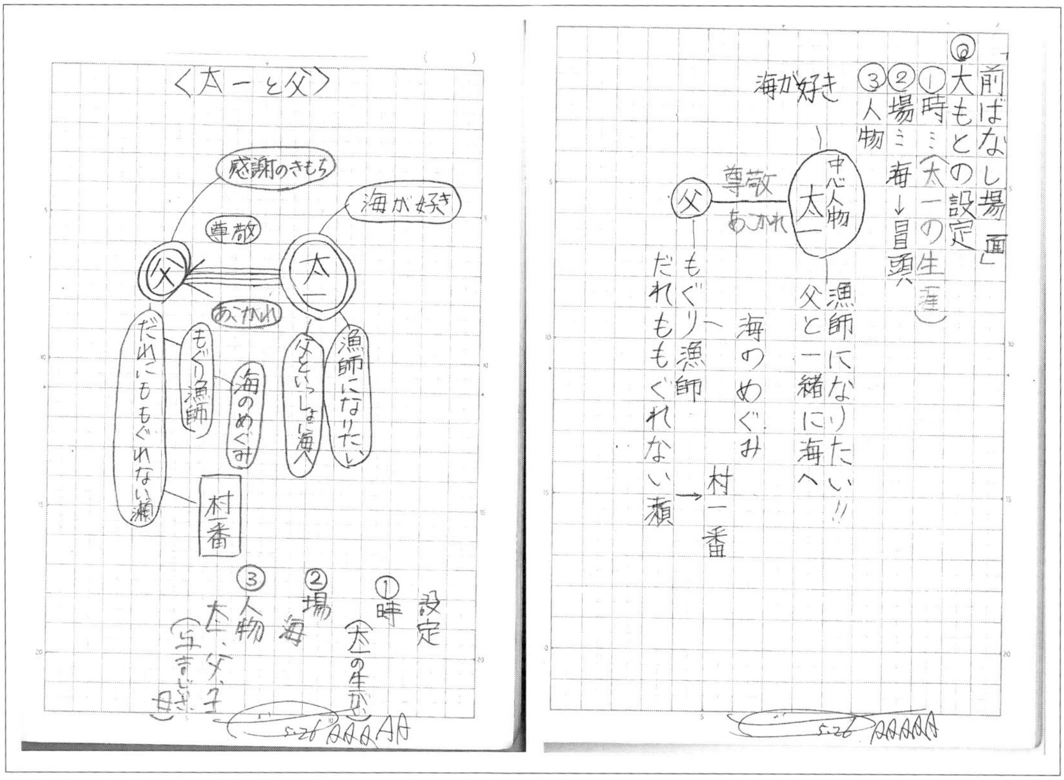

〈太一と父〉
感謝のきもち
海が好き
尊敬
父
太一
あこがれ
漁師になりたい
父といっしょ海へ
海のめぐみ
もぐり漁師
だれにももぐれない瀬
村一番
設定
①時
②場
③人物
海
太一、父、与吉じいさ、母
「前ばなし場面」
⑥大もとの設定
①時…（太一の生涯）
②場…海→冒頭へ
③人物
海が好き
中心人物 太一
尊敬
あこがれ
父
漁師になりたい!!
父と一緒に海へ
海のめぐみ
もぐり漁師
だれももぐれない瀬
村一番

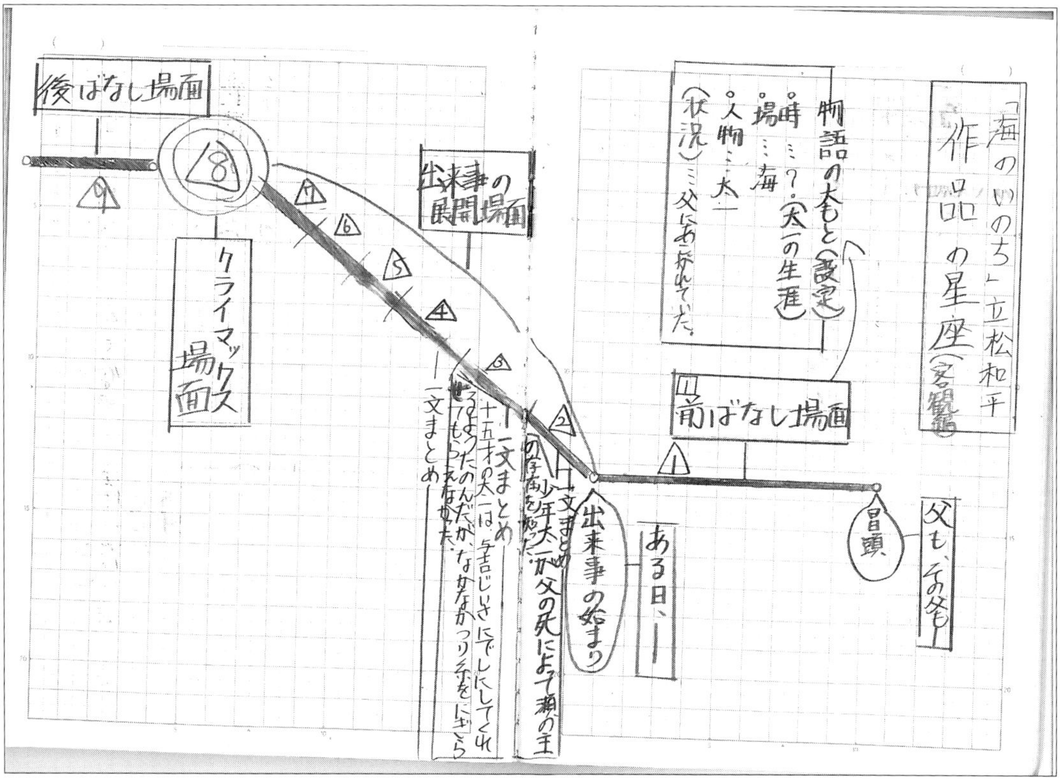

「海のいのち」立松和平
作品の星座（客観）
物語の大もと（設定）
○時…？（太一の生涯）
○場…海
○人物…太一
（状況）…父にあこがれてた。
前ばなし場面
父も、その父も
冒頭
ある日、
出来事の始まり
一文まとめ
出来事の展開場面
クライマックス場面
後ばなし場面
一文まとめ
十五才の太一は、与吉じいさにでしにしてくれるようにたのんだが、なかなかつりざおをにぎらせてくれなかった。
一文まとめ

第5・6時 「作品の星座―客観編」の作成

―これまでの学習を「作品の星座―客観編」としてまとめる―

1 本時の概要

ノートをもとに、Ｂ４版の画用紙に「作品の星座―客観編」をまとめる。

画用紙の表側（客観編）の共通する観点

①「場面構成」―９つの場面（時）・基本４場面

②「あらすじ」―場面の一文まとめ

③「設定」―時（太一の成長）・場・人物（太一と父の関係）

④「視点」―三人称限定視点・視点人物「太一」（中心人物）

2 本時の学習目標

● この「出来事の流れ」と「設定」をまとめる活動は、最も重要な「変容」を読み取るという、今後の学びの土台となることを確認しつつ進めさせる。これまでの学びをもとに、すでに自力読みを試み、自学でノートまとめを進める子どももおり、子どもたちの学びに差が生じている。「変容」の読みに入る前にスタートラインを揃える意味合いもある。

子どものノート

●作品の星座―客観編―（ノートの下書き）

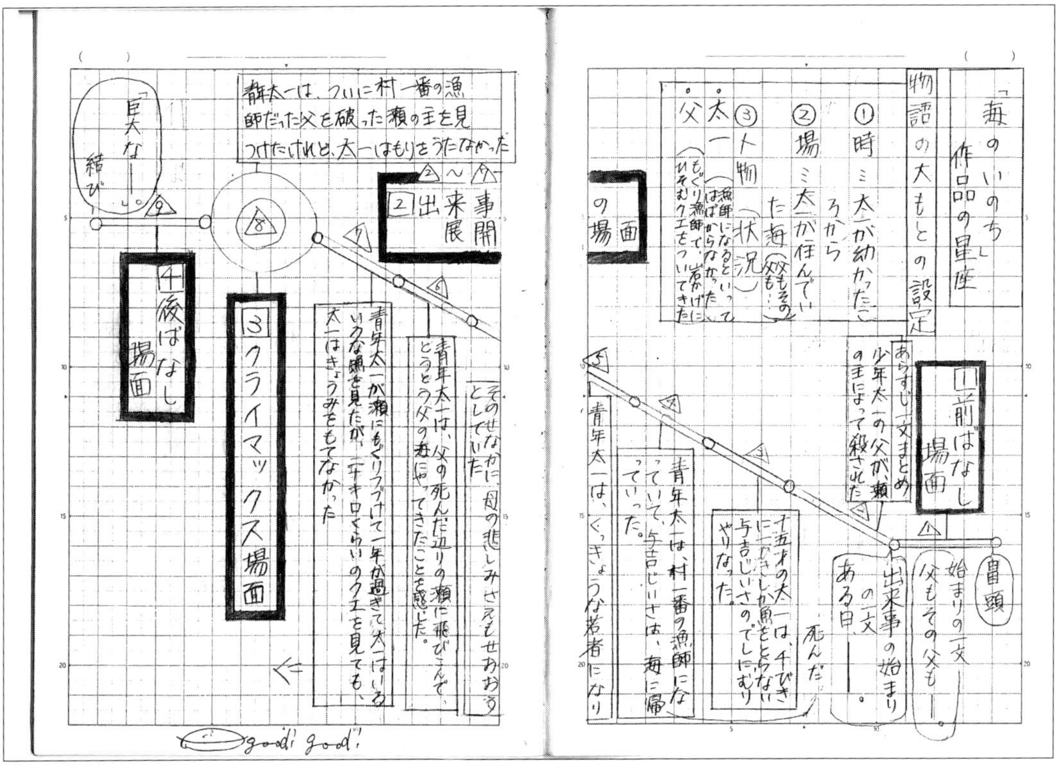

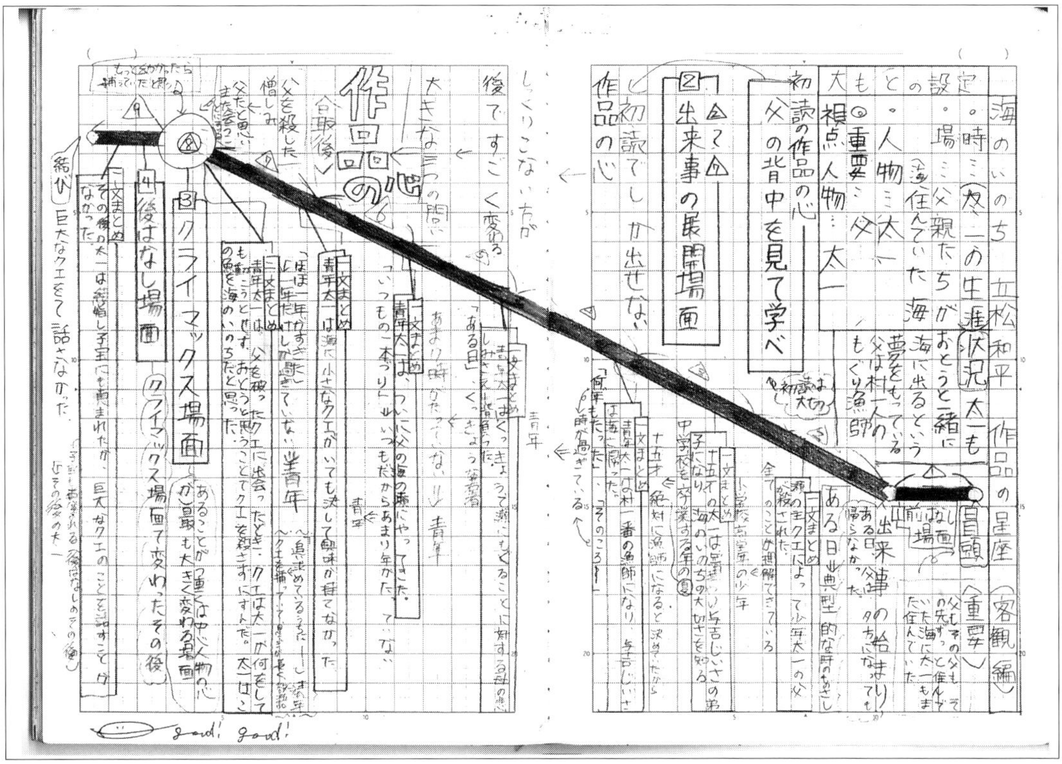
海のいのち　立松和平　作品の星座（客観編）
父の背中を見て学べ
②出来事の展開場面
作品の心
③クライマックス場面
④後ばなし場面
結び
good! good!

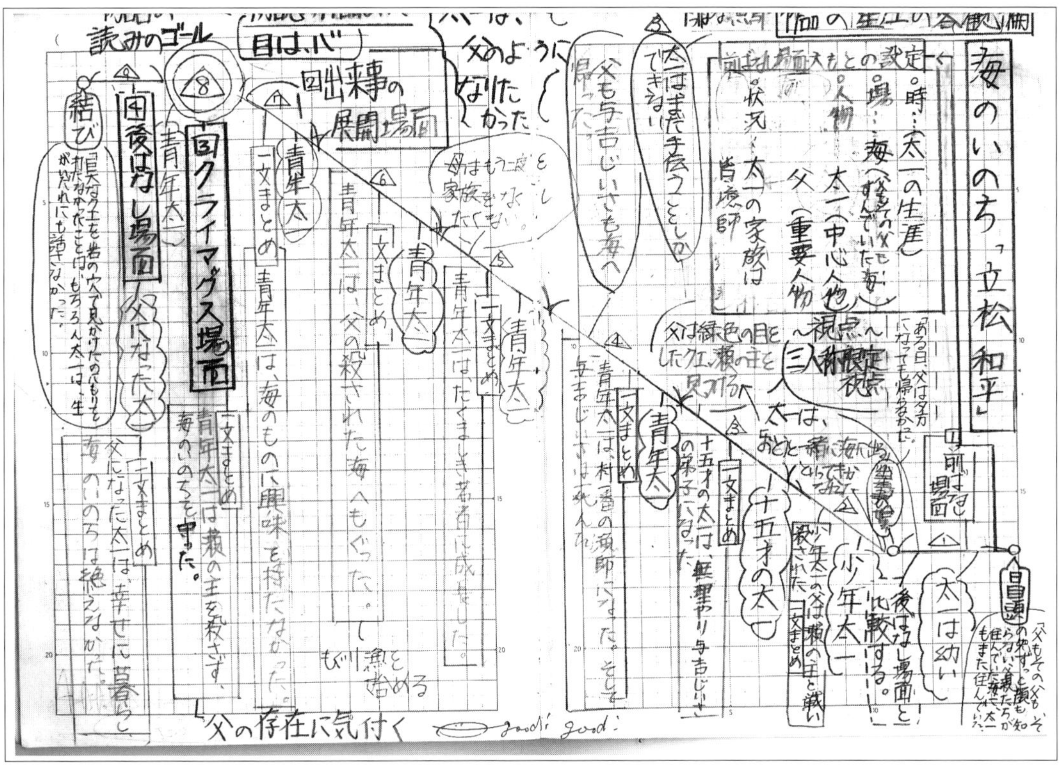
海のいのち　立松和平
読みのゴール
①前ばなし場面
②出来事の展開場面
③クライマックス場面
④後ばなし場面
結び
父の存在に気付く
good! good!

子どものノート

●作品の星座―客観編―（完成版。裏面の「作品の心編」はP12-15）

Aさん

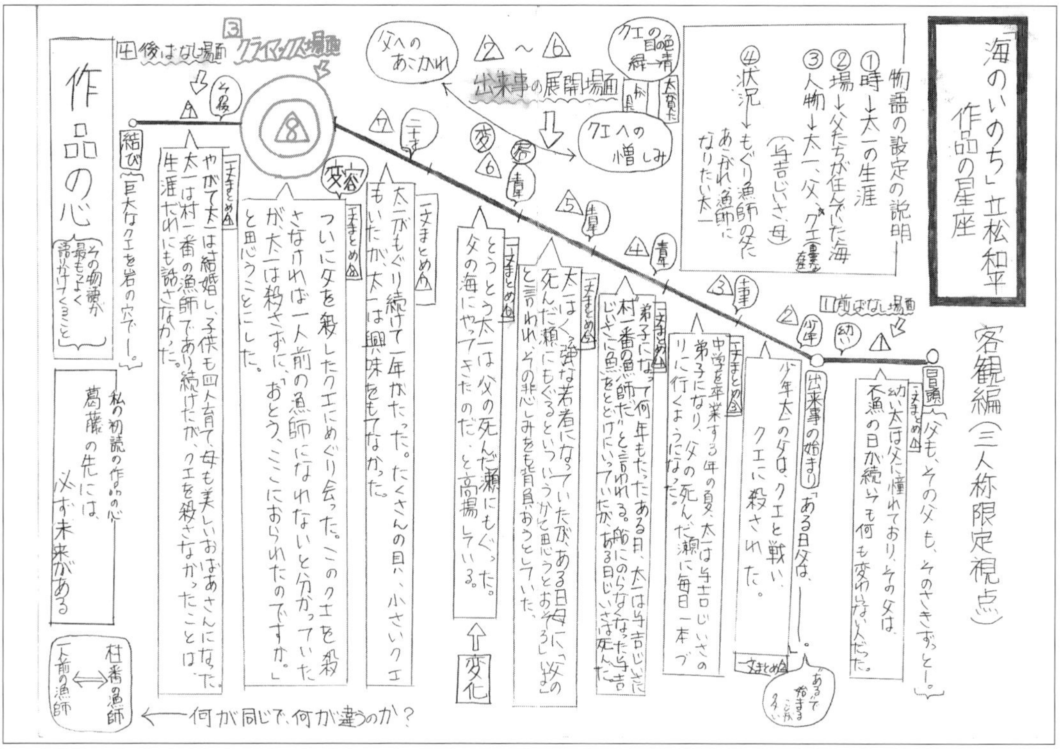

Bさん

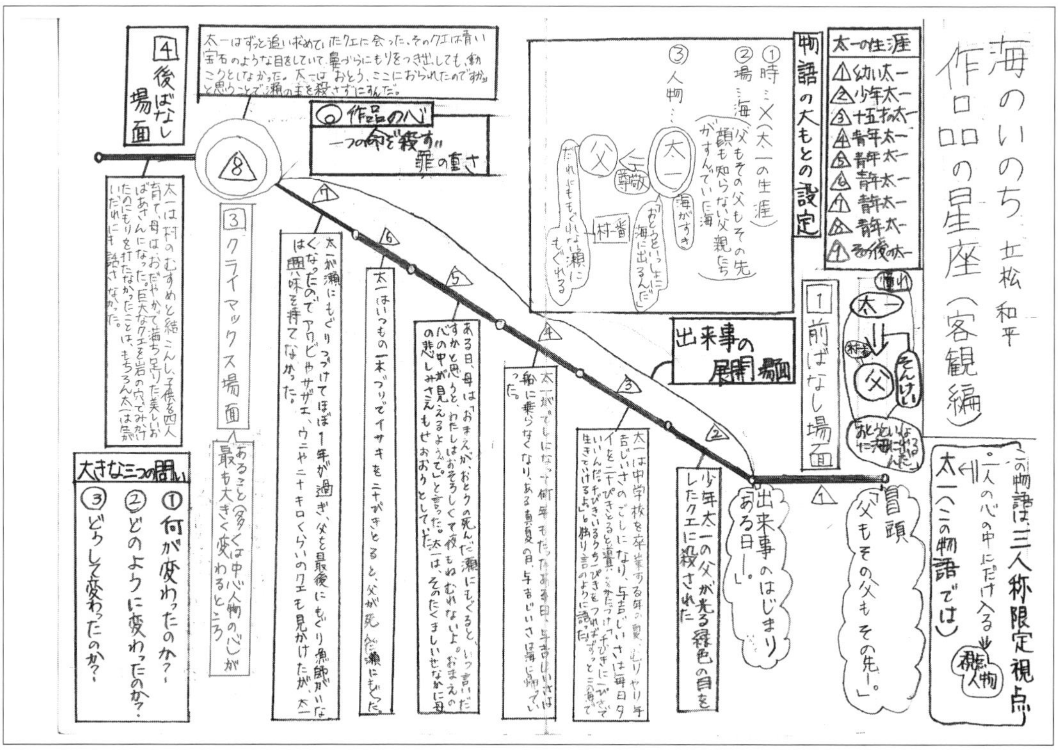

Cさん

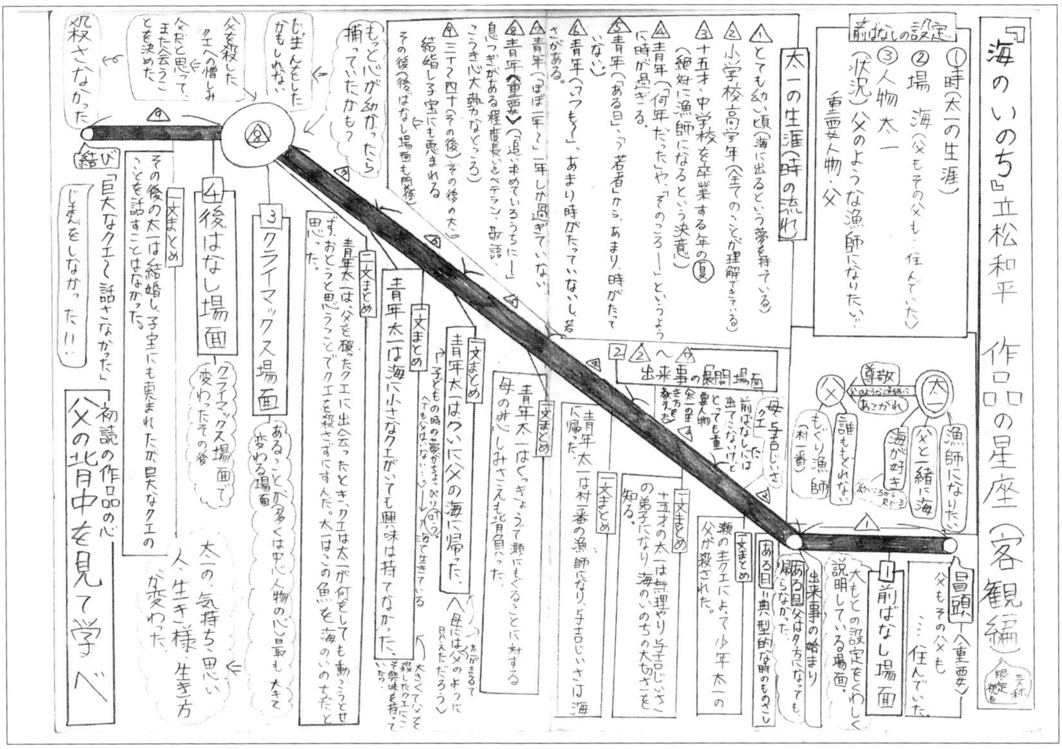
『海のいのち』立松和平　作品の星座（客観編）
前ばなしの設定
①時（太一の生涯）
②場　海（父もその父も…住んでいた）
③人物　太一（状況）父のような漁師になりたい!!
重要人物、父
太一の生涯（時の流れ）
前ばなし場面
出来事の展開場面
クライマックス場面
後ばなし場面
結び「巨大なクエ〜話さなかった」
初読の作品の心
父の背中を見て学べ
太一の気持ち・思い・人生・生き様・生き方が変わった

Dさん

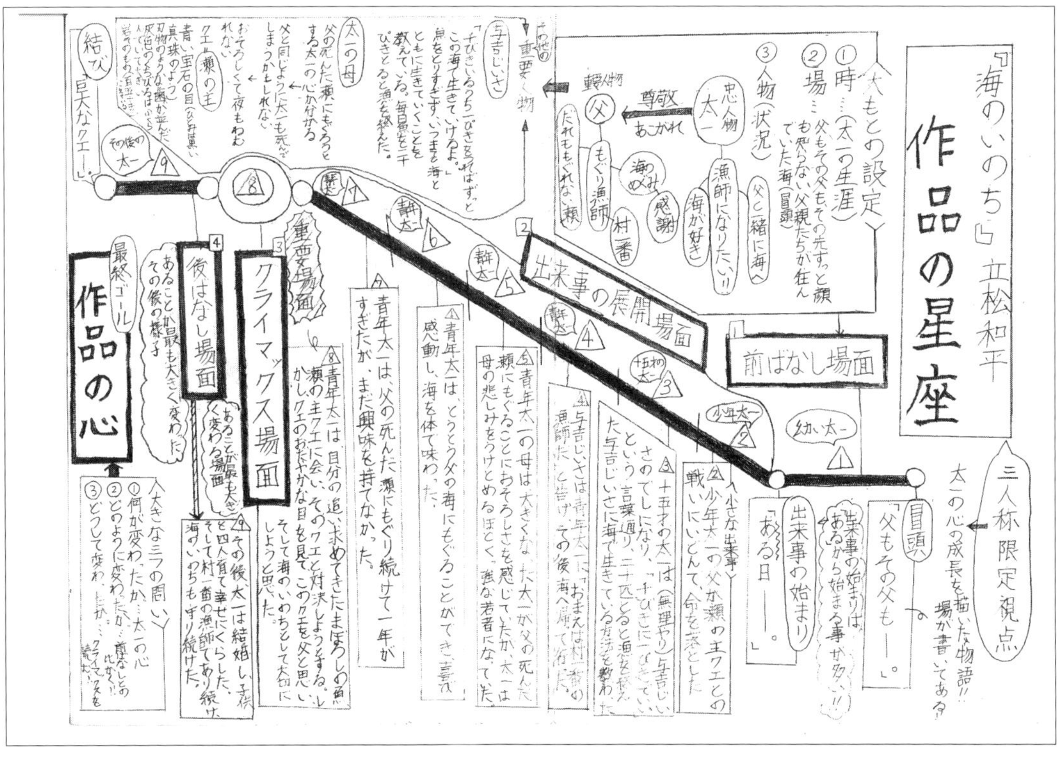
『海のいのち』立松和平
作品の星座
三人称限定視点
大もとの設定
①時…（太一の生涯）
②場…父もその父もその先ずっと瀬
③人物（状況）
前ばなし場面
出来事の展開場面
クライマックス場面
後ばなし場面
最終ゴール
作品の心
冒頭「父もその父も—。」
出来事の始まり「ある日—。」
結び「巨大なクエ—」

第7時 話題を設定する
―「中心話題」「個人話題」を設定する―

1 本時の概要

「3つの大きな問い」をもとに、「中心話題」を設定する。
中心話題を意識しながら、「個人話題」を設定し、自分の読みを進める。
個人話題にもとづく「重要話題」を設定し、対話によって読みをつくる。

2 本時の学習目標

●「変容」を読み取るための「3つの大きな問い」
①何が変わったのか？
②どのように変わったのか？
③どうして変わったのか？
をもとに、「中心話題」を設定し、さらに「個人話題」から「重要話題」を設定する。

立松和平「海のいのち」私たちの「中心話題」

◎太一は、何故、瀬の主を殺さなかったのか。（モリを下ろした理由）

「3つの大きな問い」①何が変わったのか？　②どのように変わったのか？　③どうして変わったのか？　をもとに、上記の「中心話題」を設定した。さらに、中心話題をもとに、自分個人としてどんな話題を話し合ってみたいか、をノートに書かせて提出させた。

立松和平「海のいのち」私の「個人話題」

2場面　○父が死んだときの太一の思い
3場面　○何故、太一は、与吉じいさの弟子になったのか。
4場面　○太一に対して言った与吉じいさの「村一番の漁師」の意味
4場面　○死んだ与吉じいさに、両手を合わせる太一の気持ち
4場面　○「海に帰りましたか。与吉じいさ」の会話文に込めた太一の思い
5場面　○太一が背負おうとした「母の悲しみ」とは何か。
6場面　○「とうとう父の海にやってきたのだ」という太一の思い
8場面　○巨大なクエの目の色が、何故、「緑色」ではなく「青色」なのか。
8場面　○瀬の主を「海のいのち」と思う太一の心
8場面　○太一の思う「ほんとうの一人前の漁師」と「村一番の漁師」の違い
9場面　○何故、太一は、瀬の主のことを「生涯、誰にも話さなかった」のか。
9場面　○太一の母が「おだやかで満ち足りた、うつくしいおばあさん」になれた理由
★　○題名「海のいのち」の意味

ノートに書かれた「個人話題」を二瓶がチェックし、仲間と話し合ってみたい、と多くの子どもたちが設定していた話題、中心話題に向けて、話し合っておきたいと考えられる話題を選び、子どもたちに投げかけ、対話の授業を行った。以下の①～④の重要話題についての対話の授業を次ページより紹介する。

●私たちの「重要話題」（自分の読みをつくり、仲間と読みを伝え合ってみたい話題）
①太一が、「中学校を卒業する年の夏、無理やり」与吉じいさの弟子になった理由。
②「海に帰りましたか」と、死んだ与吉じいさに両手を合わせる太一の気持ち。
③「とうとう父の海にやってきたのだ」という太一の思い
④太一が背負おうとした「母の悲しみ」とは何か。

子どもの作品

個人話題

（　　）

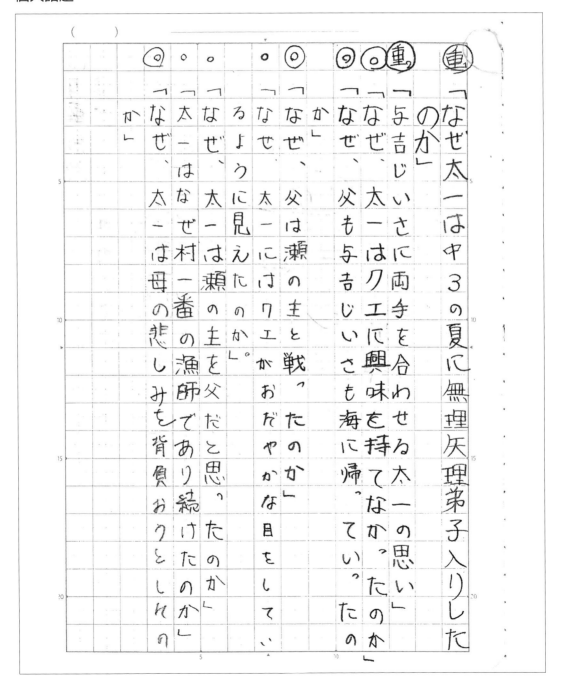

重「なぜ太一は中3の夏に無理矢理弟子入りしたのか」
重「与吉じいさに両手を合わせる太一の思い」
◎「なぜ、太一はクエに興味を持てなかったのか」
◎「なぜ、父も与吉じいさも海に帰っていったのか」
◎「なぜ、父は瀬の主と戦ったのか」
○「なぜ太一にはクエがおだやかな目をしているように見えたのか」。
○「なぜ、太一は瀬の主を父だと思ったのか」
○「太一はなぜ村一番の漁師であり続けたのか」
◎「なぜ、太一は母の悲しみを背負おうとしれのか」

第8時 〈重要話題1〉 太一が､｢中学校を卒業する年の夏､無理やり｣与吉じいさの弟子になった理由

1 本時の概要

「海のいのち」 私たちの中心話題 ◎太一は、何故、瀬の主を殺さなかったのか。(モリを下ろした理由) を話し合う前に、自分の読みをつくり、仲間と読みを伝え合ってみたい重要話題 ①太一が､｢中学校を卒業する年の夏､無理やり」与吉じいさの弟子になった理由を取り上げ、対話によって読みをつくる。

2 本時の学習目標

- 心内対話―ペア対話―全体対話の対話活動を通じて、自分の読みとの異同を確認しながら、対話によって仲間と作品世界を相互交流する。本時の学習が、中心話題の対話に向けたものであること、さらに、単元最終段階の「私の『作品の心』」を受け取るためにあることを自覚させつつ、指導する。

導入

1 学びを振り返る

二瓶 今までの学びを一応確認。1｢初読の『作品の心』」を自分の言葉で表現し、解説文を書いてみた。スタート･用意ドンは｢初読の『作品の心』｣。ゴールは、というと？ 言ってみよう。せいの！

児童たち 最終的な「作品の心」を表現する。

二瓶 最終的な作品の心を表現します。確認したよね。作品の心を自分の言葉で短く表現する。プラス、二つのことをやろうって決めた。一つは？

児童 解説文。

二瓶 解説文を書く。何のために？

児童 ほかの人に自分がどうしてこの作品の心を受け取ったのかを伝えるために。

二瓶 そうだね。仲間に「私の『作品の心』をこんな言葉で表現したのは、こういうことが理由です」と解説文を書いてみる。もう1つやってみよう、と言った。

児童 作品の星座。

二瓶 作品の星座として完成してみよう、と決めたね。

One Point
授業は音読からスタート。いま何を学んでいるのかを自覚させてから本時の学びに入った。

①小さな場面構成を捉え、②場面の一文まとめ、さらに③基本四場面でしっかりと押さえなおし、3作品の星座の客観編をまとめてみました。

展開

2 読みをつくる

二瓶 「作品の心」の表現に向けて今日から、「変容」の読みに入ります。中心話題の対話に向けて、いくつかの重要話題を設定して対話してみよう。
中心話題はいいね。最後の変容を捉えるための話題として、こういう話題で対話するという確認をしたよね。どういう話題だ？

児童 何故、太一は、瀬の主を殺さなかったのか。

—「何故、太一は、瀬の主を殺さなかったのか」と、声に出しながら板書—

二瓶 それって、直接的にはどの場面で描かれている？

児童 ⑧場面！

児童 クライマックス場面。

二瓶 中心話題に向けた、重要話題1
「何故、太一は中学校を卒業する年の夏、無理やり与吉じいさの弟子になったのか」
この話題を重要話題として、対話してみたい、という仲間が結構いるんだ。手を挙げてごらん。

—ほぼ全員が挙手—

二瓶 この話題を設定していない人も、有りだと思いません？ 自分の読みをつくって、対話してみたい、ということで、今日はこれで行きましょう。

児童たち はい。

二瓶 話題を設定するにあたって、直接関係するのが？

児童 ③場面。

二瓶 ③場面を読んでおこうか。行きます。読みたい人

—全員が挙手 ③場面を音読—

One Point

クラスで決めた「中心話題」を尋ねた際、ノートを見る子が数人いたため「いちいち見ないで、頭の中に入れておこう。」と指示。その後も「頭の中には常にこの中心話題を置いておくんだよ。」と注意を促した。

解説

本時の前の時間に中心話題を設定し、さらに個人話題を設定した。個人話題の中でも多数の子どもが挙げていた話題を、第1の重要話題として投げかけた。

二瓶　「何故太一は中学校を卒業する年の夏、無理やり与吉じいさの弟子になったのか」この話題で自分の読みをつくるためには、③場面だけを読んでもだめだろうね。まずは、心内対話。対話メモのつくり方はどうする？　中央に太一をもってくるか、じいさをもってくるか。

児童　真ん中に太一をもってきた。

二瓶　太一とじいさがいて、何故弟子入りしたかが見えるようなメモ。太一を中心に置くか、じいさを中心に置くか、それは任せるよ。よろしいですか？

重要話題は、③場面を中心にしながら、いろいろな場面の、遠く離れた言葉をつなげながら、自分の読みをつくっていく。そういうことをしなさい。そうでないと、なかなか読みがつくれない。

―一心にノートに向き合う子どもたち―

二瓶　あと１分です。途中かもしれないけれど止めなさい。ペア対話。数分です。机は直さないでそのまま。どうぞ！（堰を切ったように話し始める）

3 読みを交流し合う

二瓶　よっしゃー、ごめん、短くて。残りの時間は全体対話に行きます。よろしいでしょうか？

「何故、太一は中学校を卒業する年の夏、無理やり与吉じいさの弟子になったのか」

誰から行くか？　全員が手を挙げている、全員が自分の読みをもっている美しい光景だ。誰から行こうか？　Ｈさんから行こう。

児童（Ｈ）　太一は、与吉じいさは父の死んだ瀬に行っていて、⑧場面に「夢はふいに実現するものだ」と書いてある。瀬の主を追い求めていたわけでしょ？　だから、父の死んだ瀬に行っている与吉じいさの弟子になれば、瀬に行って、瀬の主に会うことができる、瀬の主に近づけるから、何としても弟子入りしたかったんじゃないかな、と思う。

One Point

対話の手順を再確認する。
①心内対話
②ペア対話
③全体対話
④個のまとめ

One Point

「メモはメモだから、字が汚くてもいい。自分が読めればいい」と指示。言葉を原文から引用する場合は、何場面かがわかるように場面番号も忘れずに書いておくように指導している。

児童　③場面には根拠は書いていないんだけど①場面、前ばなし場面に、会話文「ぼくは漁師になる。おとうといっしょに海に出るんだ。」と書いてあるから、おとうが行っていた瀬に毎日行くために、無理やり弟子になったんじゃないか、と思う。

児童　ぼくは、太一は与吉じいさを尊敬していて、父が瀬の主に殺されたので、父が死んだ瀬にもぐって、瀬の主を見て、そのときは殺したい、という気持ちだから、与吉じいさに頼めば、そこに連れて行ってもらえると思った。

二瓶　**瀬の主に会いたい。じいさが父の死んだ瀬に行っているから。じいさの弟子になれば、父の死んだ瀬に行けるのだから、瀬の主に会え、うとうとしているその想いが叶うから。はぁー。**

児童　たぶん与吉じいさという人物は父の仲間だと思うの。信頼というかあこがれている。父の仲間ってことは信頼できるから、弟子になりたいと思っていて、断られたくない、断ってほしくないから、無理やりに弟子になったんじゃないかな、と思う。

児童　Hちゃんが言ったように、おとうといっしょに海に出るとか、そういうのもあったかもしれないけれど、やっぱり、自分のお父さんがクエに殺されたとしたら、みんな当然そのクエが憎い。それで、太一はたぶん、クエを殺したいのね。だからそれで、父の死んだ瀬に行っているじいさに頼んで弟子入りして、いつかはクエを殺したい、というのがあったと思う。もう一つは、父はクエと闘って、クエに負けて死んだ。だから、クエを殺すということは父を超えるということ。父をも超える、ほんとうの一人前の漁師になりたいと思ったから。

二瓶　**なるほど。ふーん。Aくん。**

児童（A）　ぼくが考えたことは、何故夏？　ということ。予想ですけど、父さんが殺された時期が夏だったと思うんです。そしたら、できるだけ早く行きたい。海に行って、さっきから言っているように、仇をとりたいでしょ？　仇をとりたいから、殺された時期が夏ならば、会えると思うんですよ。あくまでも想像ですけど。つまり、

One Point

対話の始まったばかりのときには、子どもたちの意見に対し、私は「はあー」「なるほど」「ふーん」と相づちを打つのに止め、発言をどんどんつないでいく。

早く、一日でも早く、それに会って、殺したいと思ったから。

二瓶　**何故夏なんだ？　中学校を卒業する年の夏、無理やりじいさに弟子入りした太一がいるじゃない？　何故夏？　Aくんは何が言いたいんだ？**

児童　なんか、Aくんが言っていたのは、お父さんは死んだのが、たぶん夏だったの。

二瓶　**うーん、それは読めないかな？　まあ、それは一つのAくんの読みだね。**

児童　で、たとえば、死んだ人になんかやるじゃない。現実世界でも。

二瓶　**おー、お盆な。**

児童　そうそう、そういうの。そういうのをやりがてら。

二瓶　**なるほど、そういう意味の夏ね。父が死んだ夏を意識しているんじゃないか、というAくんの読みだな。それは書かれていないけれども、Aくんの読みとしてはわかる、と。それ以外で、何故夏か？**

児童　冬とかだったら、瀬にもぐったら寒くてもぐれないけど。

二瓶　**あー、そっちに行ったか（笑）。**

児童　夏だとしたら、あったかいから。夏って、瀬の主にも会えそう。

二瓶　**なるほど、だから夏？　季節が夏のうちに弟子入りしようとしたんだ？　父の死んだ季節とも絡んでいるんじゃないか？　面白い。それ以外。**

児童　中学校を卒業して、ほかの同級生が高校になるまでに、完全に漁師としての仕事というのを習得してしまいたかった。同級生が高校生になるときには、自分で一人前になれるくらいのレベルの漁師になりたかったから、夏に弟子入りをして、冬にはもう完璧に仕事ができるようになりたかった。

児童　ぼくには「千びきに一ぴきでいいんだ」が…。

二瓶　**え？　どこに出てきた？**

児童　③場面の終わり。

二瓶　**おー、そこまで読んだか。**

児童　「千びきに一ぴきでいいんだ」ということは、父との仲間ということだから。父と同じように、海のいのちを大切にしていると思う。だから、父の面影を思いながら、弟子なったんじゃない

解説

「中学校を卒業する年の夏」の話題が出たときには、あえて立ち止まり、全員に考えさせた。

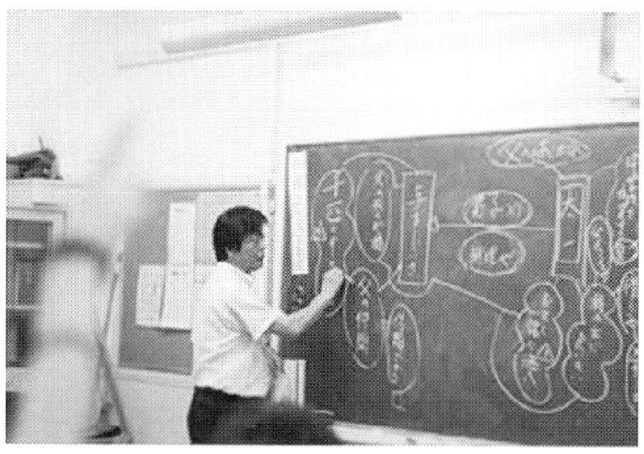

解説

中学を卒業する前に無理やり弟子入りしたという話題に収束せず、「千びきに一ぴき」「海のめぐみ」という言葉が出てきたので、流れに任せた。中心話題に向かう前の重要話題の対話では、まだ読みが多様な方向に行くことが多い。さまざまな方向に話題が飛ぶことは、本時の段階ではあえてよしとしたい。

かな。

二瓶　**「千びきの中の一ぴき」って、何場面のセリフだ？**

児童　③場面！

二瓶　**③場面のじいさのセリフ。おい、父の仲間と言ったな。父は「千びきに一ぴき」なんて言っていないじゃないか。**

児童　だけど！

二瓶　**だけど？**

児童　「千びきに一ぴき」といったのは、毎日…。

二瓶　**何場面の話？**

児童　③場面なんだけど、「与吉じいさは毎日タイを二十ぴきとると、もう道具をかたづけた。」とある。普通の漁師はもっととるでしょ？　だけど、与吉じいさは毎日タイを二十ぴきとると、もう道具をかたづけた。ってことは、欲ばらない、欲深くないじゃない？　父も二メートルもある大物をしとめても、父は自まんすることもなく言うのだった。「海のめぐみだからなあ。」というふうに、自分がすごいとか、自分が取る権利があるとかしているんじゃなくて、海のいのちがあるから、自分がとれると思っているから、だから、海のいのちをすごく大切にしているところが、父と与吉じいさが似ている。

二瓶　**「千びきの中の一ぴきでいいんだ」というのは、父の言葉でいうと何だ？**

児童　「海のめぐみだからなあ」

二瓶　**これは、実は、この二人が同じような漁師としての生き方をしている、と。だからこそ、さっき誰かが「父の仲間」と言った。だからこそ、太一にとって弟子入りする相手は与吉じいさでなくてはいけなかった。どうしても「無理やり」。はぁー。まだ何か言う？**

児童　なんで、与吉じいさに中学校を卒業する前の夏弟子入りしたのか、ということなんですけど、まず与吉じいさは、じいさなわけでしょ？　だから太一は早く一人前の漁師になりたかったってことでしょ？　もし、弟子入りした人がまだ若くて、ジャンジャンジャンジャンやっているんだったら、仕事はぜんぜんさせてもらえないみたいな感じでしょ？　だけど与吉じいさは

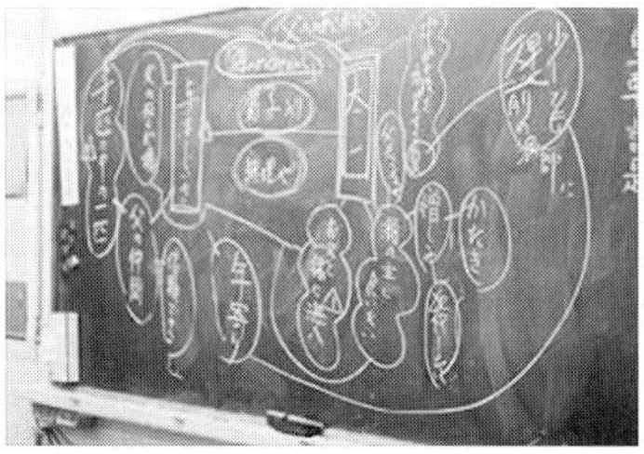

もう年だから、仕事ももうちょっともらえるんじゃないか。

二瓶　あー、なるほど。じいさは年寄りなんだ。年寄りであるからこそ、なおさら少しでも早く仕事ができる？　なるほど。まだ言う？　もう時間がないんだけど（笑）。

二瓶　ごめん、手を下ろして。今日の対話はここまでにしましょう。ノートに対話メモと自分の読みをまとめよう。

解説

導入部の確認に時間を割いたせいで、時間が無くなってしまった。「まだ言いたい」「もっと言いたい」授業後、読みを伝えに来る子どもたちに囲まれた。

子どものノート

●重要話題１　心内対話の対話メモと自分の考え

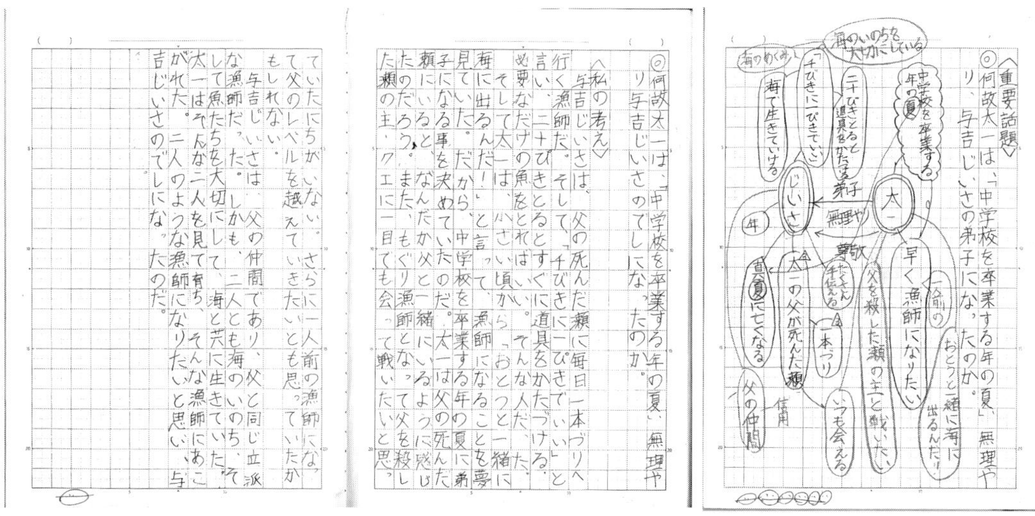

〈重要話題〉
◎何故太一は、「中学校を卒業する年の夏」、無理やり、与吉じいさの弟子になったのか。

◎何故太一は、「中学校を卒業する年の夏」、無理やり与吉じいさのでしになったのか。

〈私の考え〉
与吉じいさは、父の死んだ瀬に毎日一本づりへ行く漁師だ。そして、「千びきに一ぴきでいい」と言い、二十ぴきとるとすぐに道具をかたづける。必要なだけの魚をとれば、いい。そんな人だ。
そして太一は、小さい頃から、「おとうと一緒に海に出るんだ！」と言って、漁師になることを夢見ていた。だから、中学校を卒業する年の夏に弟子になる事を決めていたのだ。太一は父の死んだ瀬にいると、なんだか父と一緒にいるように感じたのだろう。また、もぐり漁師となって父を殺した瀬の主、クエに一目でも会って戦いたいと思っていたにちがいない。さらに一人前の漁師になって父のレベルを越えていきたいとも思っていたかもしれない。
与吉じいさは、父の仲間であり、父と同じ立派な漁師だった。しかも、二人とも海のいのち、そして魚たちを大切にして、海と共に生きていた。太一はそんな二人を見て育ち、そんな漁師にあこがれた。二人のような漁師になりたいと思い、与吉じいさのでしになったのだ。

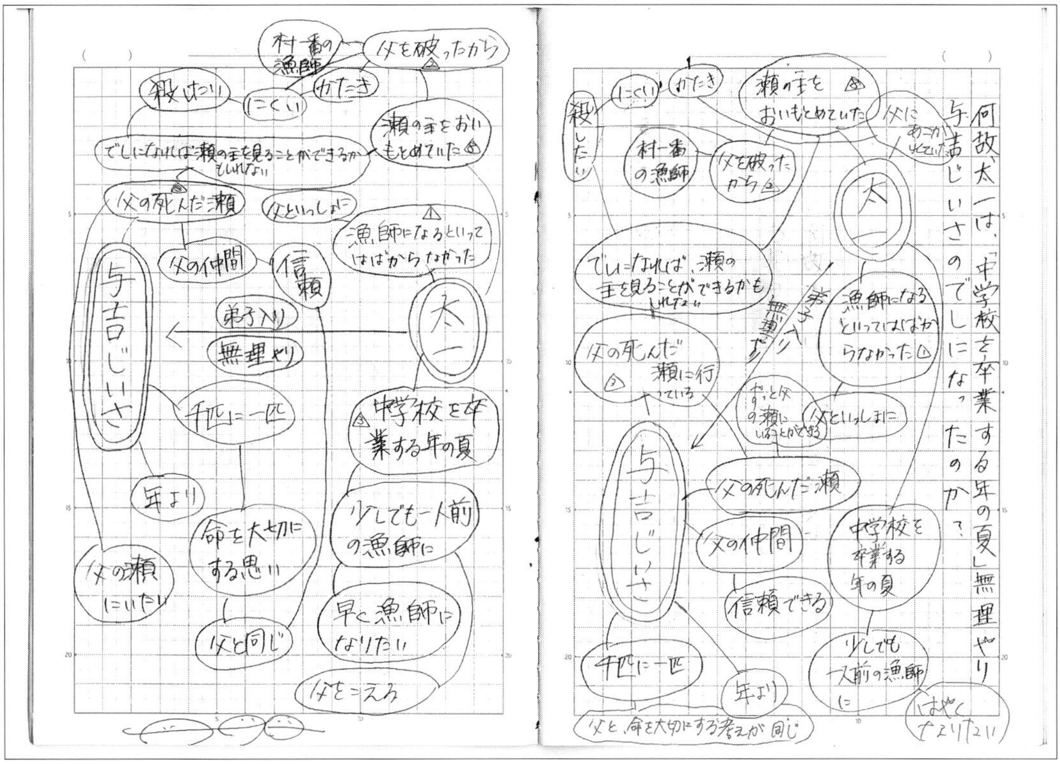

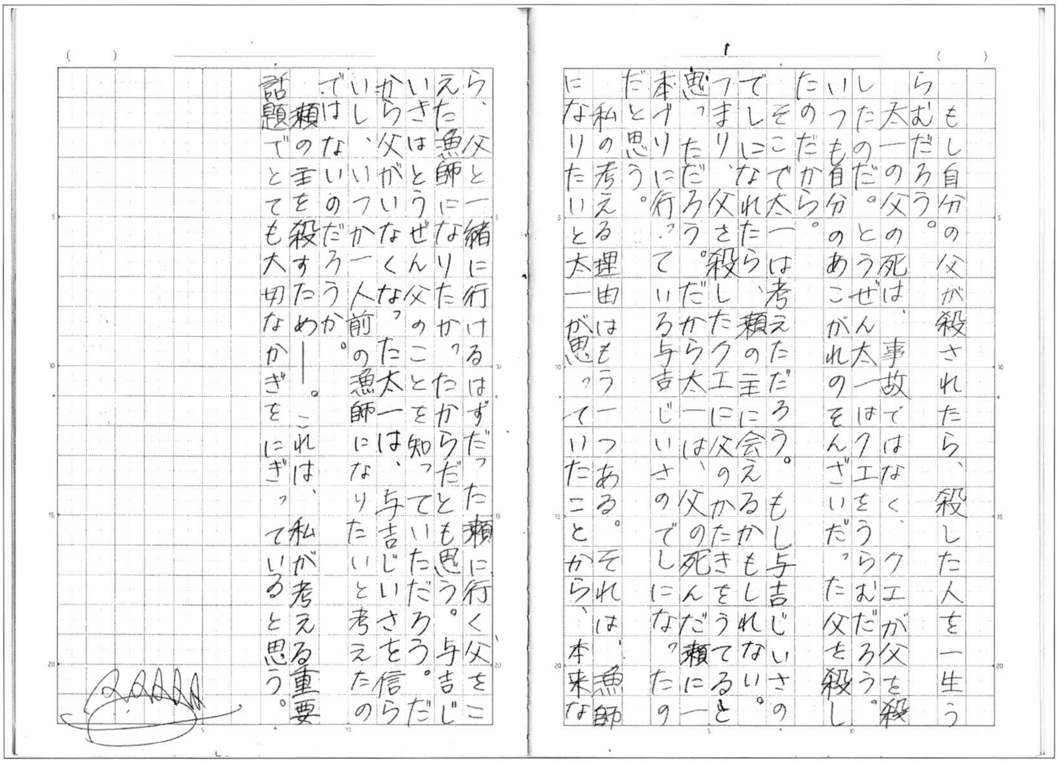

もし自分の父が殺されたら、殺した人を一生うらむだろう。

太一の父の死は、事故ではなく、クエが父を殺したのだ。とうぜん太一はクエをうらむだろう。いつも自分のあこがれのそんざいだった父を殺したのだから。

そこで太一は、考えただろう。もし与吉じいさのでしになれたら、瀬の主に会えるかもしれない。つまり、父さ殺したクエに父のかたきをうてると思っただろう。だから太一は、父の死んだ瀬に一本づりに行っている与吉じいさのでしになったのだと思う。

私の考える理由はもう一つある。それは、漁師になりたいと太一が思っていたことから、本来なら、父と一緒に行けるはずだった瀬に行く父をこえた漁師になりたかったからだとも思う。与吉じいさはとうぜん父のことを知っていただろう。だから父がいなくなった太一は、与吉じいさを信らいし、いつか一人前の漁師になりたいと考えたのではないのだろうか。

瀬の主を殺すため――。これは、私が考える重要話題でとても大切なかぎをにぎっていると思う。

子どものノート

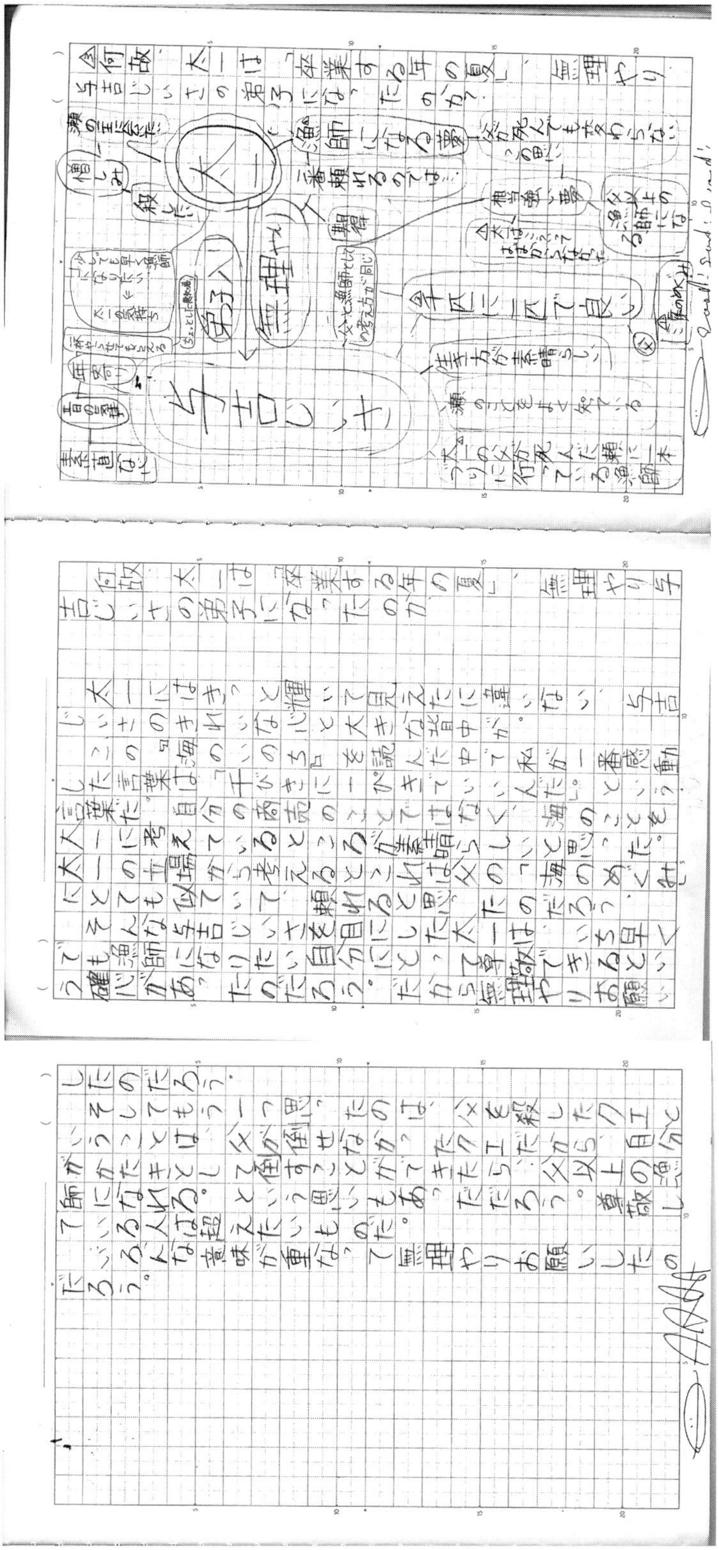

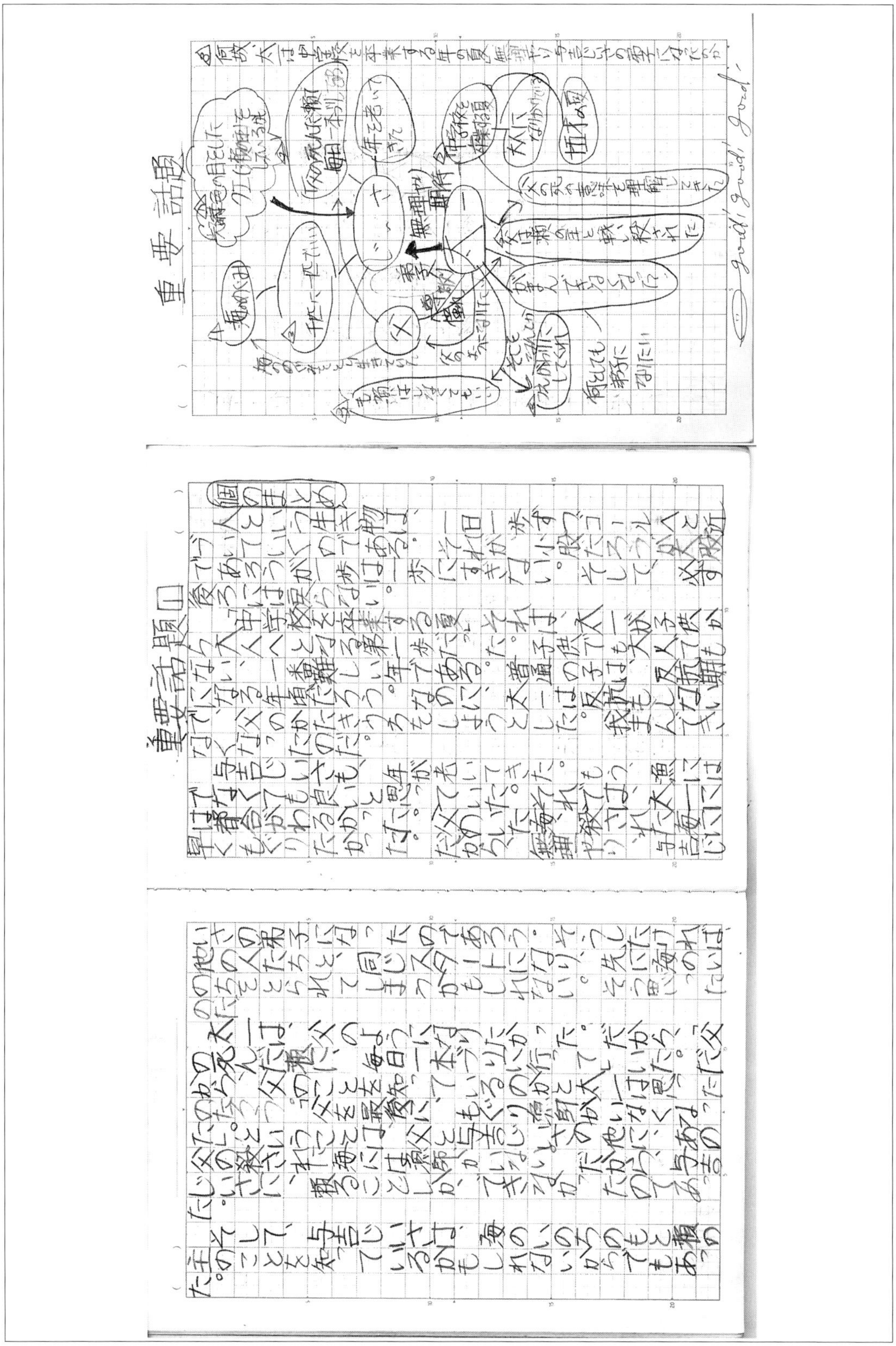
重要話題
重要話題Ⅱ

第9時 〈重要話題2〉「海に帰りましたか」と、与吉じいさに両手を合わせる太一の気持ち

1 本時の概要

「海のいのち」私たちの中心話題 ◎太一は、何故、瀬の主を殺さなかったのか。（モリを下ろした理由）を話し合う前に、自分の読みをつくり、仲間と読みを伝え合ってみたい重要話題 ②「海に帰りましたか」と、与吉じいさに両手を合わせる太一の気持ち。を取り上げ、対話によって読みをつくる。

2 本時の学習目標

- 心内対話—ペア対話—全体対話の対話活動を通じて、自分の読みとの異同を確認しながら、対話によって仲間と作品世界を相互交流する。本時の学習が、中心話題の対話に向けたものであること、さらに、単元最終段階の「私の『作品の心』」を受け取るためにあることを自覚させつつ、指導する。

導入

1 学びのゴールを見据え、振り返りを行う

二瓶 「海のいのち」の対話の２時間目。「変容」の読みに入っています。最終的には「作品の心」の表現。４「変容」の読みの中心話題は設定しました。われわれの中心話題は何ですか？　どうぞ。

児童たち 「太一はどうして瀬の主を殺さなかったのか」

二瓶 この中心話題でしっかりと対話することによって、最終的な自分の作品の心は受け取ることができるだろう。ただ、中心話題にいきなり行くのではなくて、重要話題を設定して、もう少しこの「海のいのち」の読みを、みんなでしてみたい。

昨日は、ぜひとも話題にしたい、というのが多かった話題を取り上げました。読んでみよう。

児童たち 「太一は何故中学校を卒業する年の夏、与吉じいさに無理やり弟子いりしたのか」

二瓶 さらに今日は重要話題の２つ目を対話してみたいと思います。

One Point
最終ゴールを確認し、中心話題の対話に向けた重要話題を話し合うのだ、ということを全員で再認識して授業に入る。

展開

2 言葉をつなげながら読む

二瓶 昨日、実際対話したら、書かれている③場面だけでは、この話題についての読みはできなかったよね。いろいろな場面のいろいろな言葉をつなげながら自分の読みをつくっていきました。今日はね、その続き。④場面。ここも個人話題として設定した人が非常に多かった。④場面を読んでみよう。

児童 ④でしになって何年もたったある朝、いつものように同じ瀬に漁に出た太一に向かって、与吉じいさはふっと声をもらした。そのころには与吉じいさは船に乗ってこそきたが、作業はほとんど太一がやるようになっていた。
「自分では気づかないだろうが、おまえは村一番の漁師だよ。太一、ここはお前の海だ。」
船に乗らなくなった与吉じいさの家に、太一は漁から帰ると毎日魚を届けに行った。
真夏のある日、

二瓶 ストップ。ごめん。これはミスプリントだよね。何故ミスプリント？　二瓶ちゃんのワープロミスだよね。何故、それが言える？

児童 段落の、頭を１つ下げなきゃいけない。

二瓶 どうして？　何故ここは段落が変わるの？

児童 時が変わったから。

二瓶 時が変わるって、どういう「時」に変わるんだ？　「真夏のある日」どういう時だ？　それまではこうで、真夏のある日はこういう時だから、変わるんでしょ？　時というのを具体的に言って。

児童 たぶん、正解かはわからないけど、真夏のある日、与吉じいさが死んだ。

二瓶 真夏のある日、与吉じいさが死ぬんだよね。その前までの時は、どういう時なの？　真夏のある日、じいさは死ぬ？　それまではどんな時？

児童 じいさが生きている。

児童 太一とじいさがいっしょだった時。

解説

前時の学習で、③場面を中心とした話題を対話した際に、③場面だけでは読みはつくれなかったこと、いろいろな場面のいろいろな言葉をつなげながら自分の読みをつくったことを思い返させて、本時の話題に取り組むように仕向けた。

解説

一人ずつに読ませ「自分では～」からは全員に読ませる。声を合わせるのではなく、自分の速さで声に出して読ませる。予めプリントに1か所段落替えを施さない箇所をつくっておき、該当の「真夏のある日」を読んだ際に、ストップをかけた。

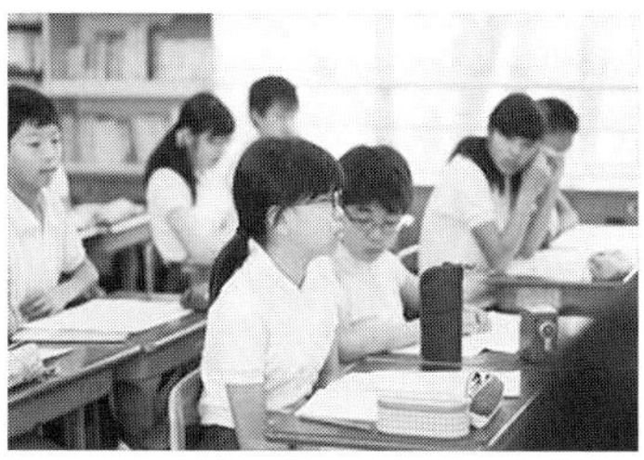

二瓶　もっと具体的に言って。

児童　太一が与吉じいさと一緒に漁に出ていた時。

二瓶　なるほど。

児童　太一が与吉じいさに『村一番の漁師』と言われた時。

二瓶　時の流れでいうと、③場面から何年たっているんだ？

児童　何年も。

二瓶　相当な月日が流れているんだろうね。弟子入りして何年も。じいさからさまざまなことを教えられて「村一番の漁師だよ」と、太一はじいさに言われる。その時の流れの中で、「ある日」だよね。ある真夏の日、じいさは死んでいく。だから、必ず、当たり前のように、段落が変わらなけりゃいけないよな。だから、ミスプリントというのはそういうこと。続けて読んで。

児童　真夏のある日、与吉じいさは暑いのに毛布をのどまでかけてねむっていた。太一はすべてをさとった。
「海に帰りましたか。与吉じいさ、心から感謝しております。おかげさまでぼくも海で生きられます。」
悲しみが吹き上がってきたが、今の太一は自然な気持ちで顔の前に両手を合わせることができた。父がそうであったように、与吉じいさも海に帰っていったのだ。

二瓶　この④場面で、個人話題を設定している人がたくさんいます。どんな話題だと思いますか？
自分はその話題を設定していなくても、設定した人たちは、どんな話題を考えているでしょう。実にたくさんの人が話題にしているんだけれども、それは、どんな話題だと思いますか？　ペアで相談してみよう。

―ペア対話１分―

二瓶　ＯＫ。どんな話題だと思うか。自分ならどんな話題を設定するか。あるいは、仲間の多くの人はどんな話題を設定したんだろう。

解説
個人話題からピックアップして重要話題を設定しているが、場面のみを示し、どんな話題を考えているのか？を考えさせた。

児童　何故、太一はじいさの死に自然な気持ちで顔の前に両手を合わせることができたのか。

二瓶　まさにいま言ったことの関連で、たくさんの人が話題を設定している。太一が、死んでいったじいさに両手を合わせる。そのときの太一の思い。「海に帰りましたか。与吉じいさ、心から感謝しております。おかげさまでぼくも海で生きられます。」という太一の言葉があって、太一はじいさに両手を合わせる。
言葉・会話文ではわかるけれども、その裏側、太一の思い、両手を合わせた時の太一の思いをとても大事な、重要話題だと設定している人が多い。今日はこの話題で対話してみよう。

—「与吉じいさに両手を合わせる太一の思い」と板書—

二瓶　何分欲しいですか？

児童たち　10分！

二瓶　10分？　心内対話に入ります。どうぞ。中央に何を持ってくる？

児童　太一！

二瓶　自分で工夫して書こう。

—心内対話　ひたすらノートに書く子供たち—

二瓶　ちょっとやめ。まだ5分あるんだけど、いまこの重要話題の2つ目、自分の読みをつくろうと、対話メモを書いているよね。この重要話題の先に中心話題が待っている。太一の大きな変容を捉えるんだよな。モリを下ろす太一。太一がどのように、どうして変わったか、が待っているんだよ。大きな中心話題が。
いま、この一所懸命に考えている・読みをつくっている重要話題の2つ目って、中心話題のために重要？　関係がある？　中心話題、殺さなかった太一がいるでしょ？

児童たち　ある！　関係ある！

二瓶　このとき、両手を合わせる太一がいる。じいさの死に、あの日、あの時、さまざまなことを思い返しながら両手を合わせる。実際の会話文と

しては「海に帰りましたか。与吉じいさ、心から感謝しております。おかげさまでぼくも海で生きられます。」そのときの太一の一生懸命の思いを読むって、太一の変容を捉えるとき、つまり、クライマックス場面のモリを下ろす太一・殺さなかった太一と関係ある？

児童 ある!!

二瓶 あるかい？　そのためにとても大事な話題だと思う人。

—ほぼ全員が挙手—

二瓶 そうか、だったら、大事な時間だな。あと５分あげるよ。

One Point

いまの学びが最終的な学びにつながっていることを繰り返し意識させながら授業を進める。中心話題に結びつく学びであることを自覚すると、子どもたちの取り組む姿勢も変わってくる。心内対話のメモに何を書いているかが重要。ノートは必ずチェックし、その後の授業に活かす。

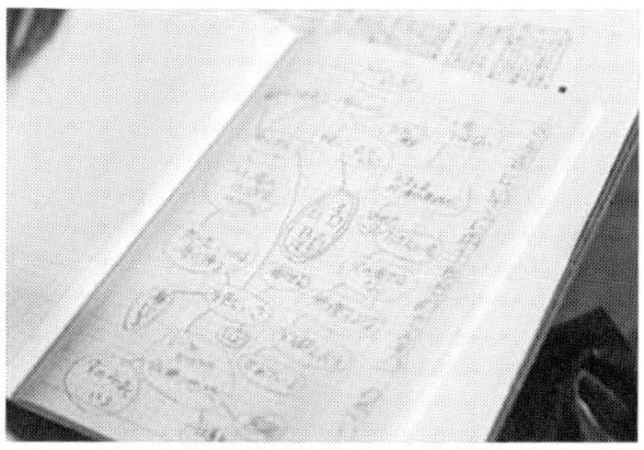

3 対話を通して読みを深める

二瓶 心内対話終了。ペア対話に入ります。机を動かして、すぐに入りなさい。ゴー。

—ペアで向かい合うやいなや、勢い込んで話し始める子どもたち—（２分間）

二瓶 机を直して、全体対話、行こう。

児童 私は、じいさが死んじゃうということは、太一もじいさの弟子なんだから、教えてくれたという意味で、すごい感謝していて、それで悲しいと思うのね。でも、じいさが死ぬということは、書いてあったけど、「海に帰る」ということでしょ？

海っていうのは、太一がいつも漁をして、仕事というか、１日の大半を過ごすところで、そのじいさとか父が死んじゃったとしても、じいさと父は海に帰ったわけだから、太一はいつも見守られているっていう気がするのね。だから、両手を合わせているときも、現実世界ではないけど、「これからもよろしくお願いします」というか、海に帰るということを踏まえて「お願いします」と言ったから、自然な気持ちになれたのかな、と思います。

児童　「海に帰りましたか」というのは、じいさは漁師だから、太一がいつも行っている海の中で生きている。太一がいま泣いちゃうと、悲しくなっちゃうから。でも、また海で会えるから、両手を自然に合わせることができた。

児童　付け足しなんですけど、与吉じいさは前に、「太一、ここはお前の海だ」と言っていたでしょ？　「お前の海」ということは、「太一の海」ということだから、与吉じいさも太一の海に帰っていったと思う。それで、さっき言っていたように、ここで泣いちゃったら、与吉じいさも海にいるわけだから、与吉じいさまで悲しくなってしまうから…、という気持ちがあったんじゃないかと思います。

児童　与吉じいさは、④場面で、「自分では気づかないだろうが、おまえは村一番の漁師だよ。」って書いてあるでしょ？　そういうことを気づかせるというのは、すごく太一のことを信頼していたということだと思う。太一も、すごい与吉じいさのことを感謝していて、信頼していると思う。だから二人の信頼関係がすごい厚くて、すごい信頼して、感謝していたから、泣くというよりは「ありがとうございます」という気持ちでいっぱいだったんだと思う。

児童　たぶん弟子になるときって、あこがれるから弟子になると思うの。太一も与吉じいさにあこがれて弟子になったのだと思うのだけど、そういうあこがれている・尊敬している人が死ぬのは、父の次で２回目でしょ？　②場面で父が死んだ時、太一は何も言えなかったと思うの。でも、成長しているから、父の時には何も言えなかった自分が、たぶん悔しいというか、後悔みたいな思いがあったと思うの。だから与吉じいさに自然に手を合わせられたんじゃないかな。

児童　太一は、みんなが言っているように、じいさに対して感謝しているじゃない？　その中でも、③場面にある「千びきに一ぴき」って書いてあるところは、次の人たちへ海を残したいっていう気持ちがあったから。そういうやさしさとかに感謝しているし、ずっと悲しんではいられないから、一人前の漁師になるために。だからもっ

OnePoint
「次、○○くん、△△さん」と発言の順番のみ指名を行うだけにし、あえて何も口を挟まず、黒板にメモをとりながら見守った。

と前向きなイメージで、「手を合わせなきゃな」というような気持ちだと思う。

児童　太一は、与吉じいさに教えられたことをこれからもやっていく、守っていくっていう決意があったから泣かなかったと思う。与吉じいさは海に帰ったでしょ。海に帰るっていうことは、私は、海を愛した漁師だけが海に帰れると思うの。だから、海を愛したということは与吉じいさは「ほんとうの」っていうか、「一人前の漁師」だったから。海のいのちを守り、「千びきに一ぴきでいいんだ」って言っているでしょ？
太一はそのことを与吉じいさに教えられた。海のいのちを守らなきゃいけない、ってことを教わったから、それが瀬の主であるクエを殺さなかったことにもつながるのかな、と思った。

二瓶　**はぁー。なるほど。**

児童　太一は、もともとは父のような漁師になりたいと思っていたわけでしょ？　それで③場面で、太一は与吉じいさに無理やり弟子にしてもらって、④場面で「村一番の漁師」っていうふうに言われ、村一番の漁師になれた。太一はその言葉で父のような漁師になれたと思って、与吉じいさが真夏のある日死んでしまったときに、心から感謝して…。泣いちゃうと、与吉じいさもあの世というか太一の海で見守ることができなくなってしまうから、泣かずに、顔の前で手を合わせたんだと思う。

児童　私は太一が「お前の海だ」と言われたところ。「お前の海」というのは、太一の父とか与吉じいさが生きていた海でしょ？　だから、たぶん、与吉じいさが託した感じだったと思うの。それだから「村一番の漁師」って太一に言ったんだと思う。それを太一が汲み取ったんだと思って。だからこそ、その喜びと、そこで頑張って瀬の主を、そのころはまだ倒したいっていう気持ちが強かったから、その気持ちで手を合わせたんだな、と思う。

二瓶　**太一が「海に帰りましたか」って言うこの「海」って、どんな海？ 太一が「海に帰りましたか」っていう海って、太一にとってどんな意味を持つ海なんだろう。とっても大事だと思わない？　こ**

解説

子どもたちの発言にあえて口を挟まずにいたが、「海に帰りましたか」の「海」とはどんな海か？と、ここで、全体に返した。

の海に帰る、ってことだから。ちょっとペア対話してごらん。この海ってどんな意味を持つ海か。

―ペア対話　30 秒―

二瓶　**どんな意味を持つ海か？**

児童　海は、太一と与吉じいさが毎日海に行って、魚を釣ったりしたりして、毎日そこに行っていたから、思い入れというか、思いがある。

二瓶　**二人の海だからな。**

児童　①場面に書いてあるけど、「父もその父も、その先ずっと顔も知らない父親たちが住んでいた海に」ということは、自分も父もおじいちゃんたちが生きてきた海なわけでしょ。だから、その生きてきた海。父もその父もその先ずっと知らない父も、ということは、村で活躍するというか、村一番の漁師になれた父というのは、全員海に帰っていると思う。海に生きてきた父親たちだから。だから、与吉じいさも父も海に帰ったということが、大きくなった太一にはわかっている。太一も海で生き始めている、一歩踏み出したから、わかったと思うの。父親たちがどういうふうに海で生きてきたとかというのを、与吉じいさに学びながら、わかったきた。だから自然に手を合わせたんだと思う。

児童　④場面の最後に「父がそうであったように、与吉じいさも海に帰っていったのだ。」と書いてあって。父がそうであったというのは、⑦場面の父が死んだ瀬のところで、青い目の瀬の主を見かけて、それを「おとう」と呼んでいる。与吉じいさも海に帰ったということは、その瀬・父が死んだ瀬に帰っていったということ。

二瓶　**父の海であるということか。もういいんじゃない？　なにか言いたい人いる？**

児童　えー。

児童　成長できたから、「母なる海」的な。

児童　「父なる海」。

二瓶　**えーと、ノートに書いている人たち、心内対話でどんな対話メモを作っているかを見たい。ノートを出して、終わりましょう。**

解説

学びを重ね、自分の読みができてきた子どもたちは、思いを言葉にしたくてたまらない。チャイムがなってもパワーが落ちない。

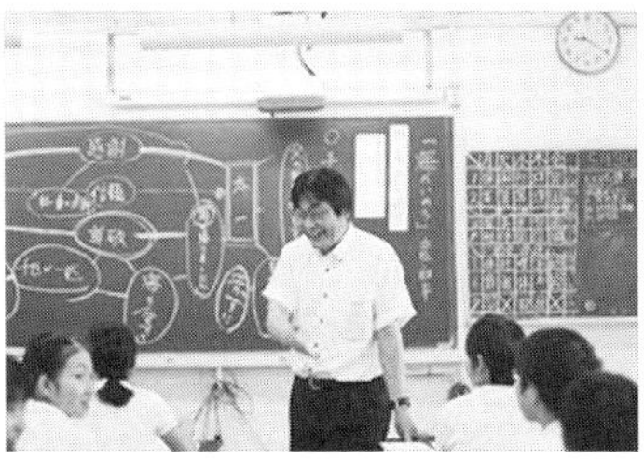

解説

対話メモの修正と、読みの記述は、家庭での自学を指示する。

子どものノート

重要話題２：心内対話の対話メモと自分の考え

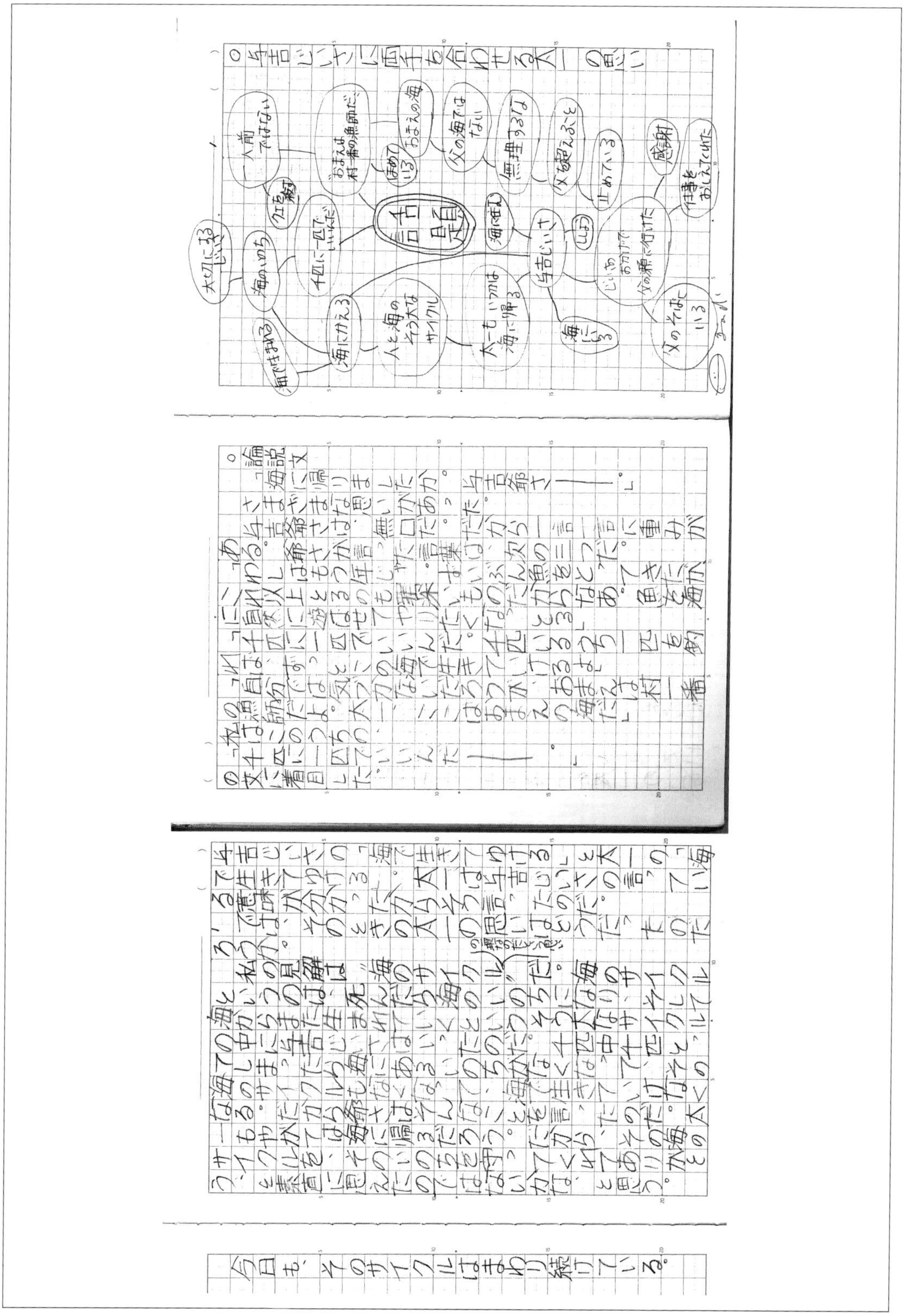

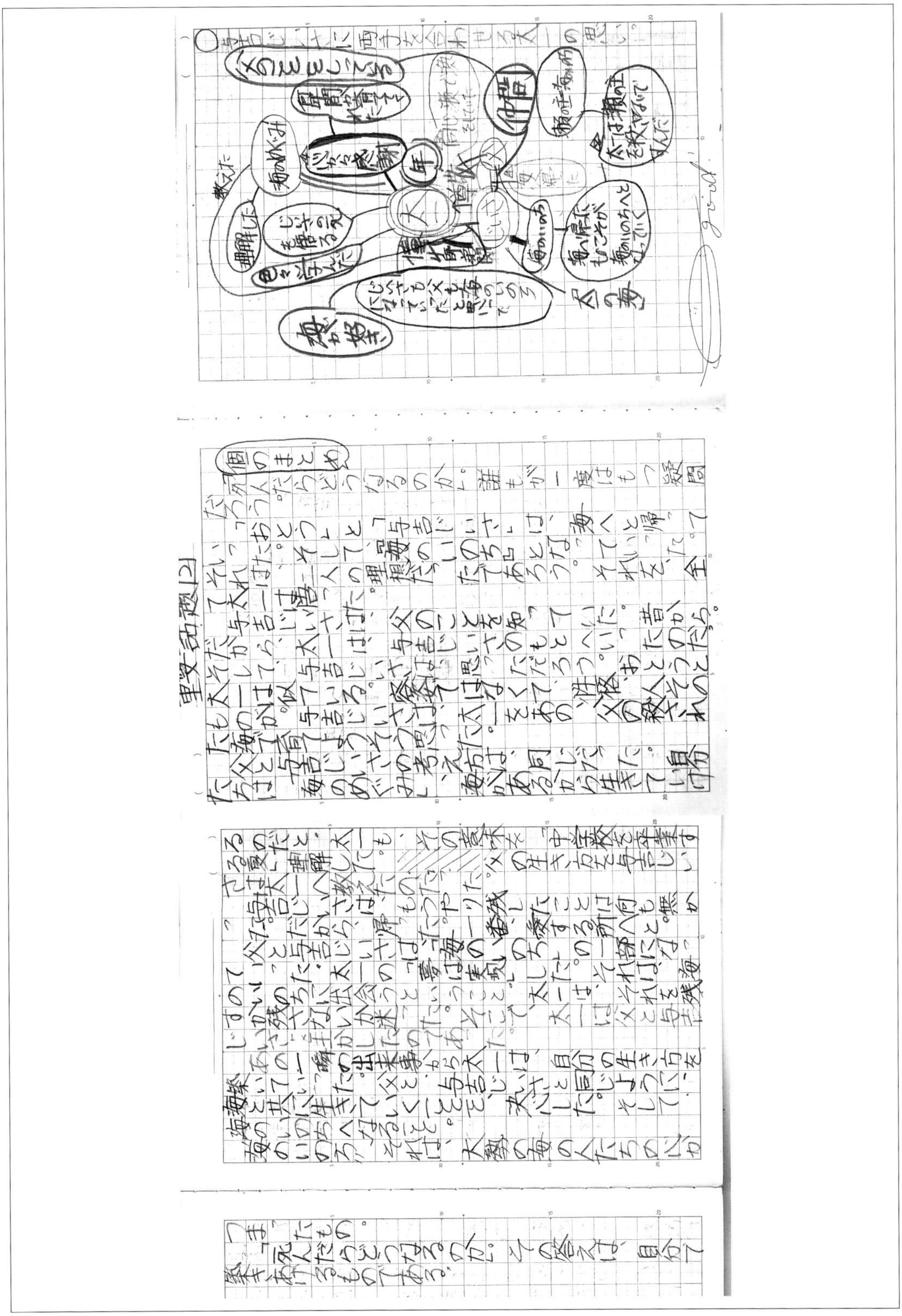

子どものノート

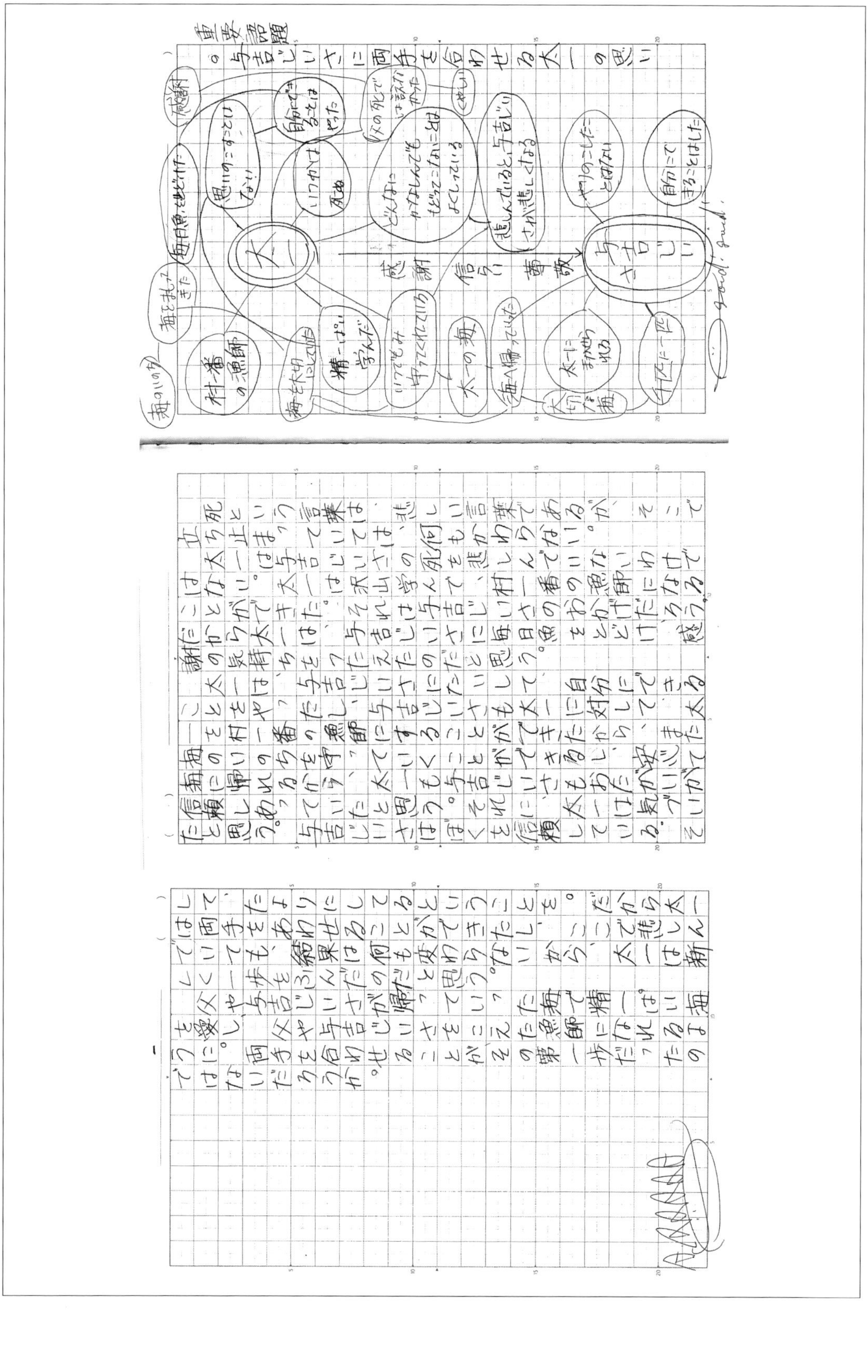

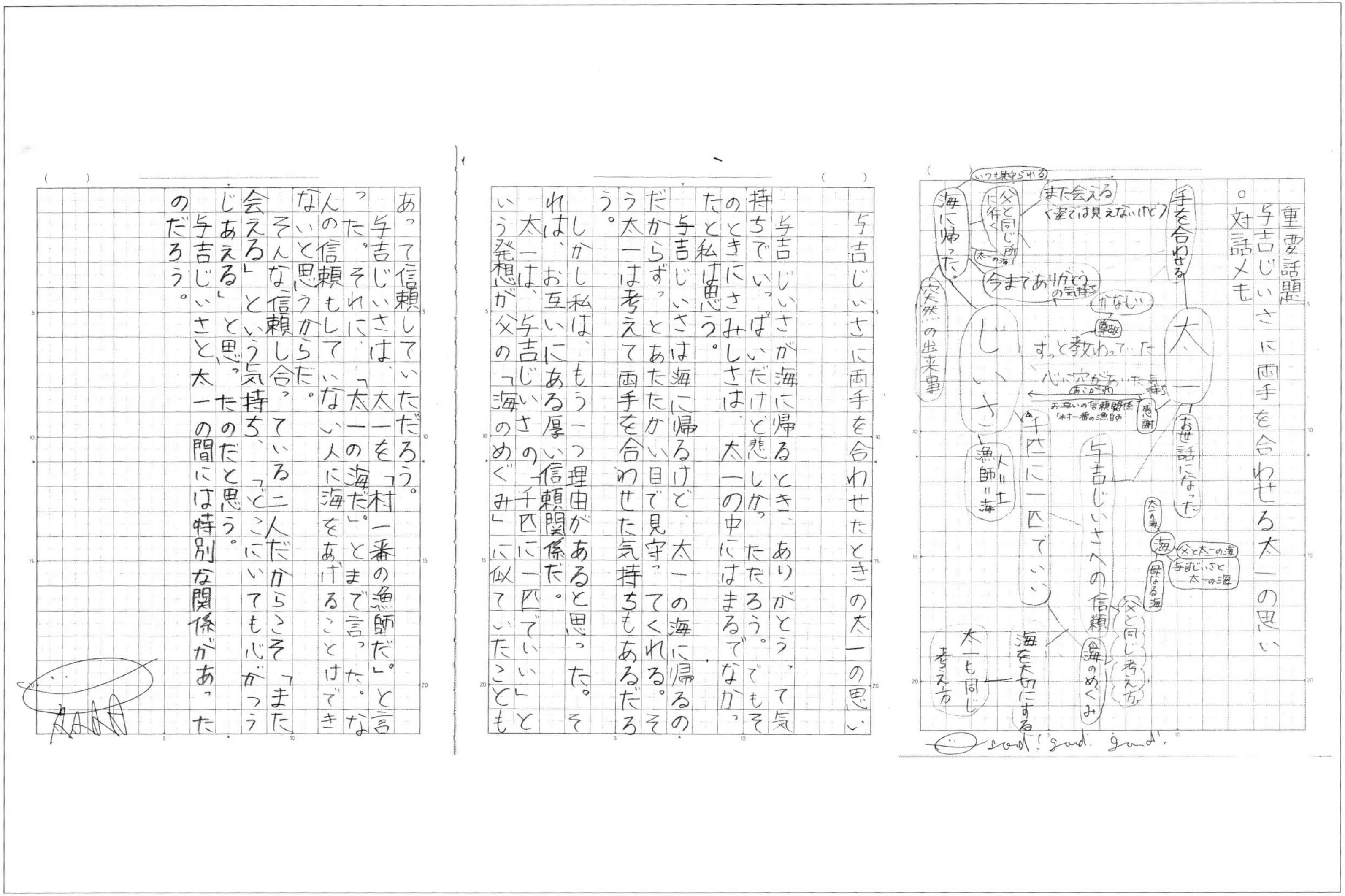

与吉じいさに両手を合わせたときの太一の思い

与吉じいさが海に帰るとき、ありがとう。って気持ちでいっぱいだけど悲しかっただろう。でもそのときにさみしさは、太一の中にはまるでなかったと私は思う。

与吉じいさは海に帰るけど、太一の海に帰るのだからずっとあたたかい目で見守ってくれる。そう太一は考えて両手を合わせた気持ちもあるだろう。

しかし私は、もう一つ理由があると思った。それは、お互いにある厚い信頼関係だ。

太一は、与吉じいさの「千匹に一匹でいい」という発想が父の「海のめぐみ」に似ていたこともあって信頼していただろう。

与吉じいさは、太一を「村一番の漁師だ」と言った。それに、「太一の海だ」とまで言った。なんの信頼もしていない人に海をあげることけできないと思うからだ。

そんな信頼し合っている二人だからこそ「また会える」という気持ち、「どこにいても心がつうじあえる」と思ったのだと思う。

与吉じいさと太一の間には特別な関係があったのだろう。

子どものノート

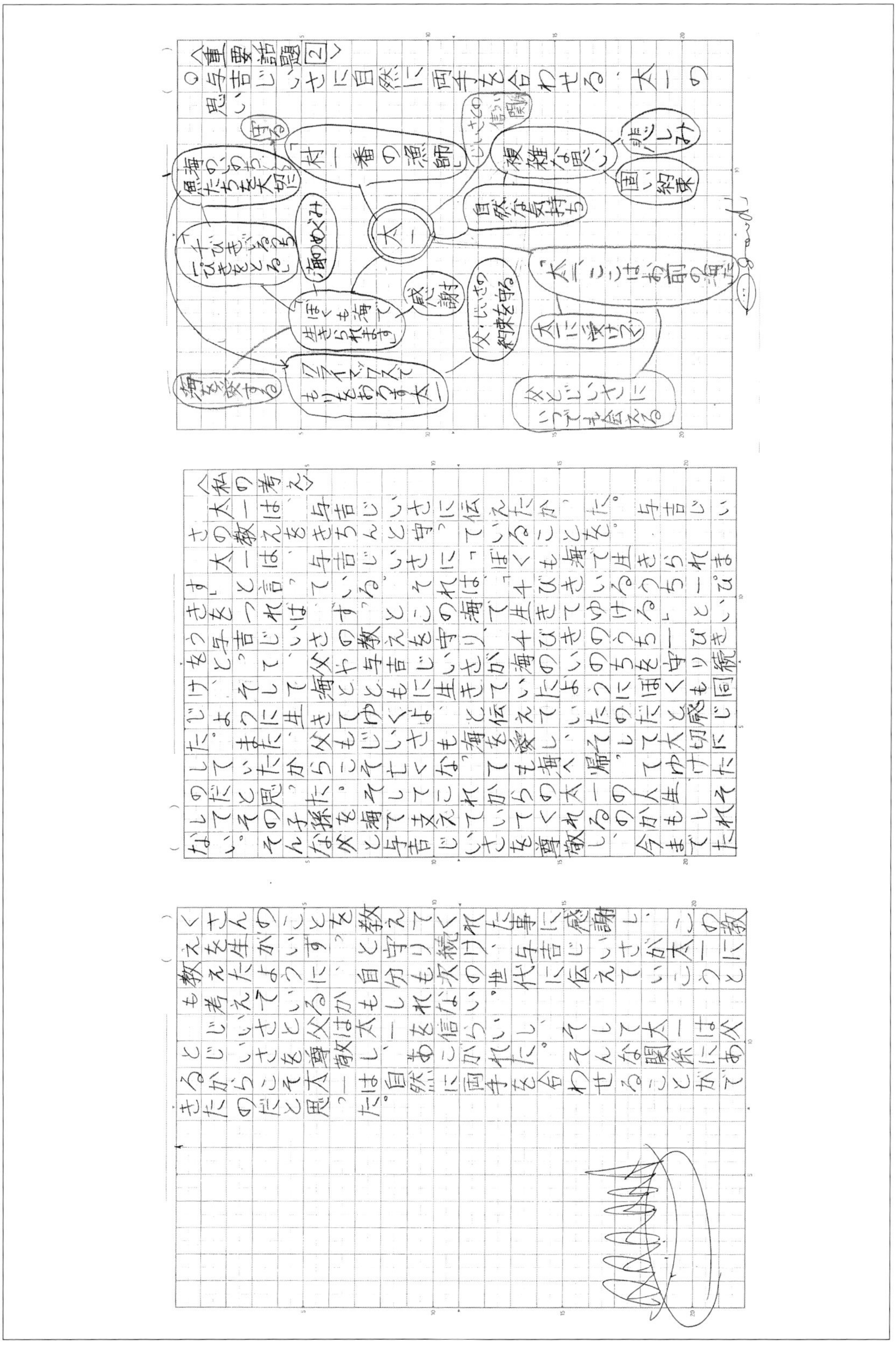

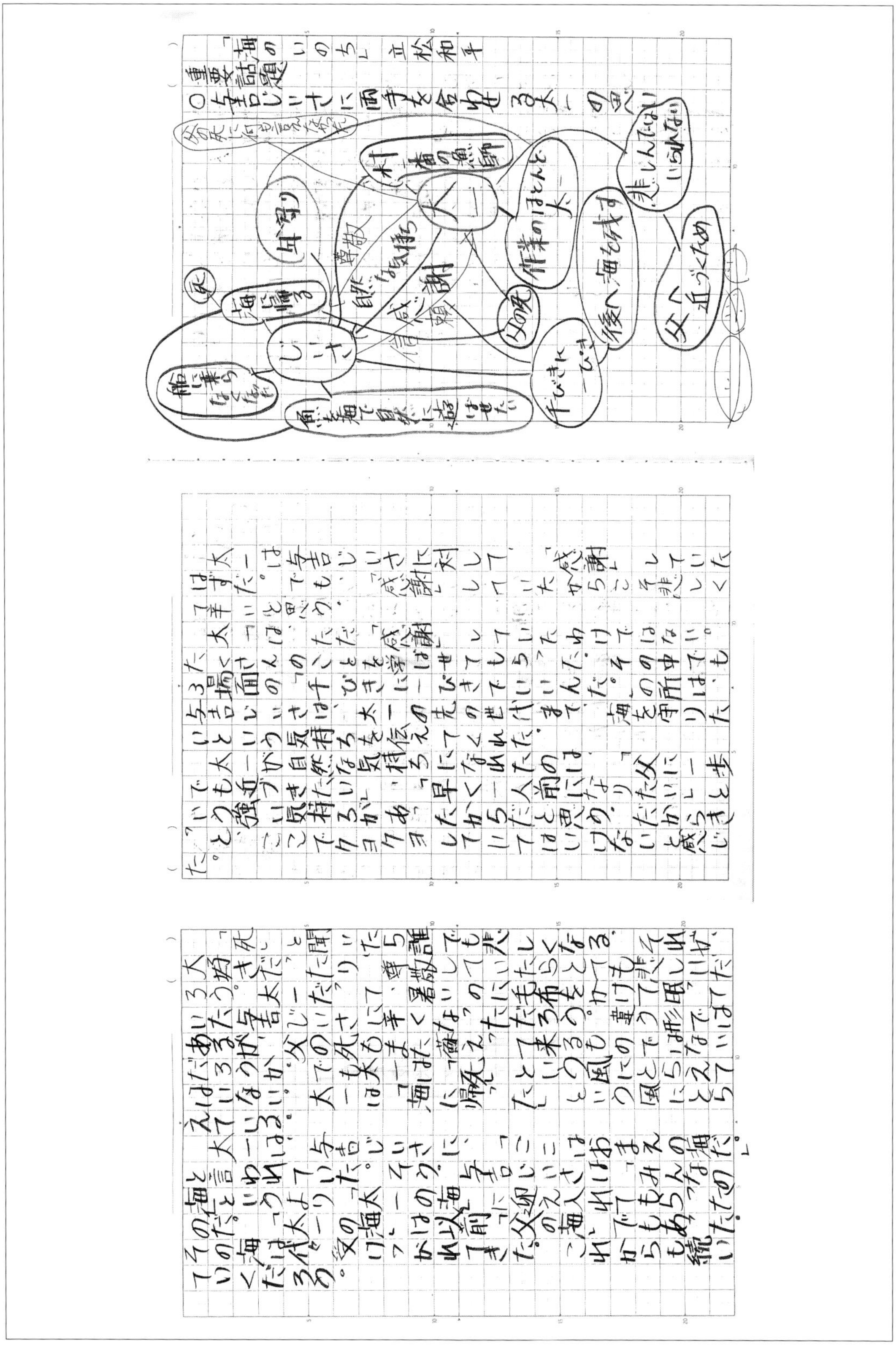

第10時 〈重要話題3〉「とうとう父の海にやってきたのだ」という太一の思い

1 本時の概要

「海のいのち」 私たちの中心話題 ◎太一は、何故、瀬の主を殺さなかったのか。（モリを下ろした理由）を話し合う前に、自分の読みをつくり、仲間と読みを伝え合ってみたい重要話題 ③「とうとう父の海にやってきたのだ」という太一の思いを取り上げ、対話によって読みをつくる。

2 本時の学習目標

● 心内対話―ペア対話―全体対話の対話活動を通じて、自分の読みとの異同を確認しながら、対話によって仲間と作品世界を相互交流する。本時の学習が、中心話題の対話に向けたものであること、さらに、単元最終段階の「私の『作品の心』」を受け取るためにあることを自覚させつつ、指導する。

導入～展開

1 学びを確認し、次の学びを見出す

―クライマックス場面（⑧場面）の音読から―

二瓶 いまクライマックス場面まで読みました。待っています、中心話題が。中心話題で対話を精一杯やってみたいと思います。そのために、重要話題での対話を1つ目やって、2つ目やってきました。中心話題に向けて、ぜひとも、その前に対話しておきたい重要話題。みんなの個人話題から選んだ重要話題の1つ目なんだっけ？

児童 何故太一は中学校を卒業する年の夏、無理やり与吉じいさに弟子入りしたのか。

二瓶 それについては、自分なりの対話メモを心内対話でメモをつくって、ペア対話して、全員対話して、ある程度自分の読みをつくりました。２つ目は？

児童 与吉じいさに両手を合わせる太一の思い。

二瓶 死んでいった与吉じいさに両手を合わせる太一の思いを読んでみました。これも重要話題です

から、時間をかけて対話してみた。もう一つぜひとも対話したい話題がある。ここに引っかかるというか、この言葉気になるな、という人がいました。二瓶ちゃんもこれが、すごく気になっているんです。⑥場面です。

児童 ⑥いつもの一本づりで、二十ぴきのイサキを早々ととった太一は、父が死んだ辺りの瀬に船を進めた。

いかりを下ろし、海に飛びこんだ。はだに水の感しょくがここちよい。海中に棒になって差しこんだ光が、波の動きにつれ、かがやきながら交差する。耳には何も聞こえなかったが、太一はそう大な音楽を聞いているような気分になった。とうとう父の海にやってきたのだ。

二瓶 この言葉はひっかかる。あれ？　と思ったのね。⑥場面のある言葉。何に引っかかると思う？

児童 太一はそう大な音楽を聞いているような気分になった。

二瓶 というのは、どうして？

児童 「何も聞こえなかったが」と、この前に言われているのに、こんな気分になるのはどうしてかな、と。

二瓶 なるほどね。ははぁ〜。それもおそらく、関わると思う。関わる、二瓶ちゃんの引っかかりに。

児童 とうとう父の海にやってきたのだ。

―うんうん、とうなずく子どもたち―

解説
うんうんとうなずく子どもたちに交じって、ちょっと不安げな表情の子どももいる。どうして「とうとう」に引っかかるのか、と再度投げかけ、全体で考えた。

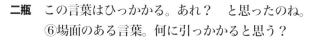

二瓶 どういうこと？　なんかうなずいているけど。「とうとう父の海にやってきた。」これが、なんで引っかかるの？

児童 いままで与吉じいさと一緒に、父の瀬にやってきて一本釣りをしていたのに、どうして「とうとう」と言っているの？

二瓶 なんで「とうとう」なんだろう。⑥場面で太一は「とうとう父の海にやってきた」と思っているじゃない？　父の海で、そう大な音楽を聞いているような気分になったんだよな。ここのところの太一を読んでおかないと、クライマック

ス場面で巨大なクエにあったときに、さまざまに揺れ動いて、結局は、瀬の主を殺さなかった太一が読めない。ここの場面の「とうとう父の海にやってきた」と感じている、この太一、そう大な音楽を聞いている気分になっている太一、ここをちゃんと押さえておきたいなと思うんですけど、どうですか？

解説
いつでもクライマックス場面を意識しながら読むように仕向ける。最終ゴールを押さえ、中心話題の対話に向けた重要話題を話し合うのだ、ということを全員で再認識して授業を進める。

2 対話によって考えをつくる

二瓶 重要話題の３つ目として考えてみよう。ノート出して。

―「とうとう父の海にやってきたのだ」という太一の思い　と板書―

児童 二瓶ちゃん、これから書くのって対話メモですよね？

二瓶 そうです。
児童 じゃあ、横でもいいですか？
二瓶 ご自由に。「とうとう父の海にやってきたのだ」という太一の思い。重要話題の３つ目をしっかりと書いておこう。その上で対話メモに入ります。時間はどのくらいほしいですか？
児童 ５分。
児童 10分。
児童 間をとって８分！
二瓶 ＯＫ。じゃあそのくらいで。始めなさい。

―ノートに向かう子どもたち―

二瓶 よし止め。途中かもしれませんが、止めにしましょう。ペア対話に入ります。机を変えなさい。

―ペア対話（２分）―

二瓶 全体対話に入ります。じゃあ、Ｅさんからいこう。
児童（E） 私が考えたのは、太一は与吉じいさの弟子で一本釣りしていたでしょ？　だから、船に乗って海の上にいたわけでしょ。だけど、お父

さんって、もぐり漁師していたから、海の中にいてお仕事をしていたでしょ？　だから、海の中で、ずっと海のすごいところ―⑦場面「アワビもサザエもたくさんいた」って書いてあって、そういうすごい世界を太一が見たでしょ、海にもぐって。だから、いままでは海の上からお父さんのもぐった瀬を見ていたけれど、同じ場所で、同じ瀬に行って、とうとう父の海に来たんだ、と思ったのかな。

二瓶　**父の海って、父の死んだ？**

児童　瀬。

二瓶　**父の死んだ瀬という意味での「父の海」だよね。まずはね。とうとう父の死んだ海にやってきたのだ、というだけではない、とＥさんは言っているわけだよな？　ちょっと続けよう。**

児童　私もＥちゃんに付け足しみたいになるんですけど、与吉じいさが③場面に「魚を自由に遊ばせてやりたくなっている」ということは、弟子もいなかったということで、一本釣りの跡継ぎもいないということだから。海上では与吉じいさの世界、与吉じいさだけがもっている世界で、海では父だけの世界。父の海は大きい。海って広いし、大きい感じがするし、与吉じいさは、③場面「父の死んだ瀬に、毎日行っている」というのは、死んだ瀬だけという小さい範囲で漁師をしていたということで、父の海は…。

二瓶　**Ｃさん、Ｓさん続けて。**

児童　①場面に「父は、もぐり漁師だった。潮の流れが速くて、だれももぐれない瀬に、たった独りでもぐっては、岩かげにひそむクエをついてきた。」とあって、だれももぐれない、ということは太一にももぐれなくて、ほかのもぐり漁師だとか、仲間ももぐれなくて、父だけがもぐれたから、父の海。

児童　いままで、太一は父の仇を討ちたい、クエが憎くてしょうがないから、漁師になりたくて、一本釣りをしている与吉じいさのところに行ったでしょ？　早く自分の父の海に行きたい、という感じだと思うんだけど。海があったとして、いままで太一が漁をしていたのは海の上。海の中と上っていうのは相当な別世界だと思うの。

One Point

二人ずつまとめて順番を指名し、対話のテンポを乱さないように、話を続けさせる。流れているときには、あえて止めない。

上は、だれでも、与吉じいさの仲間の漁師も行けると思うんだけど、海の下っていうのは、父しかもぐれない瀬。瀬の主に出会うためには、もぐり漁師にならないといけないでしょ。だから、父の海に行って上で釣りをしているだけではだめで、下の別世界に行かないといけない。その別世界にいま来たから、ということ。

二瓶　**別世界か。**

児童　「太一はとうとう父の海にやってきたんだ」と「とうとう」と言っているでしょ？　「とうとう」というのは、ずっとずっと入りたいなと思いつつ、太一のお母さんも「おまえが、おとうの死んだ瀬にもぐると、いつ言いだすかと思うと」って言っていたように、もぐるのって大変なことだし、父しかもぐれない瀬なんだから、もぐるのにも相当な勇気が必要だったと思うの。とうとう父の瀬に入ったときに、ずっと行きたかった、その夢がかなったから、達成感というか、すがすがしい気持ちなんじゃないかな、と思う。

児童　最初のＥさんに付け足しなんだけど、⑥場面で最初に父が死んだ辺りの瀬に船を進めた、っていうことは、同じ瀬でも、やっぱり釣っているところと、父の死んだ辺り、つまりもぐっているところではちょっと場所が違うと思う。それで…。

二瓶　**うん、なんかわかるような気もする。**

児童　④場面で、与吉じいさが「太一、ここはおまえの海だ。」と言っているわけでしょ？　それは実力として、太一が村の中で一番釣れるというか、村一番の漁師になっているから、この海全部が太一の海なわけでしょ？　それはたぶん、ほかの漁師も認めていることだと思うのね。だけど、太一はあんまり認めない、というか、それでもまだ「父の海だ」と言っているわけじゃない？　だからいつも父を意識しているというか、父を超えようとしている気持ちと、父の仇を打ちたいという気持ちの両方あって、父への思いというのがすごい強いから、「とうとう父の海に来た」と言っているのかな、と。

児童　「とうとう」って太一は言っているけれど、「とうとう」というのは待ちに待っていたというように思ったんですけど。待ちに待っていたとい

One Point

対話が続いている間は板書に対話メモをまとめる。

う気持ちは、不安と期待という二つの気持ちがあったと思う。不安は、まず父が②場面で殺されたように、危険でしょ？　激しい潮の流れだし、母も言っているように「おそろしくて夜もねむれない」というのは、家族をまた失ったらどうしよう、ということも考えて、だと思うので。期待は、②場面でも⑧場面でもあるように、瀬の主がいるから。太一の夢が瀬の主に会うことでしょ？　だから、会えるかもしれない、という期待もあるけど、不安もあって、そのまた新しい海の見え方というのがあったから、いろいろ複雑な気持ちで、瀬の主を倒そうという気持ちがまた強くなっていったんじゃないかな。

二瓶　**おー。あのね、なんでここまでもぐらなかったの？**

児童たち　え？ うん？

二瓶　**つまり、もぐるチャンスはずっとあったはずじゃない。何故ここまで、この⑥場面までもぐらない、一回も。もぐってないじゃん、何故もぐらないの？　もぐれよ、早く。**

児童　危ないから…。

二瓶　**何故⑥場面まで太一はもぐらなかったの？　そして⑥場面で、もぐったんだよ。そして太一は思う、「とうとう父の海にやってきたのだ。」と。ちょっと対話してごらん。**

—ペア対話（20 秒）—

二瓶　**よっしゃ、止め。何故これまでもぐらなかったんだろう。だからこそ「とうとう父の海にやってきた」という太一が⑥場面にいる。もぐればよかったじゃない？　ずっと前から来ているんだから、ここに。中学校を卒業する年の夏から来ているんでしょ？　でもずっと、太一はもぐっていない。この⑥場面ではじめてもぐる。何故だ？　Ｊくん。**

児童　僕が思うには、④場面の与吉じいさの言葉で「太一、ここはおまえの海だ」って書いてあるでしょ。だから太一は、父の海と、自分の海というのを比較したくて、それを待っていて、それを与吉じいさに言われてから行こうというふう

解説

どうしてこれまで太一はもぐらなかったのか？　もぐる機会があったのに、もぐらなかった理由を立ち止まって考えさせた。

に思った。

二瓶　なるほど。

児童　③場面では、まだ与吉じいさがいて、太一は弟子だったわけでしょ。だから、まだ与吉じいさが、自分より上だと太一は思っていた。でも④場面で与吉じいさが、いまＪくんが言ったように「太一、ここはおまえの海だ」って言っているから、自分の海にできたわけでしょ。そこで太一は弟子じゃなくなって、それでもぐろうとしていたんだろうけど、母とか自分の不安、もぐって殺されちゃったらそれは意味ないし、母も悲しんでいる、ということで、いろいろ悩んでいたんだと思うんだけど、それで決心したのが⑥場面。だから⑥場面で決心したから、もぐったんじゃないかな。

児童　与吉じいさの弟子になってすぐは、釣り針にえさをつけたり、上がってきた魚から釣り針を外す仕事ばかりだったじゃない？　で、意地悪じゃないけど、厳しい先生だったわけでしょ、太一から見たら与吉じいさは。だけど、その厳しい先生から「ここはおまえの海だ」って言われたなら、太一にとっても自信がつくだろうし、与吉じいさに認めてもらえたのなら、お父さんも許してくれるだろう、と思って、父の死んだ瀬にもぐった。

児童　ぼくは①場面から④場面までは、釣り針につける、外す仕事ばかりじゃ、そんなに成長していないと思うけど、与吉じいさが死んで「おまえはもう村一番の漁師だよ」って言われて、自信をもって。⑥場面で村一番の漁師としてもぐったと思う。

3　対話によって課題をつくる

二瓶　**「村一番の漁師」というふうに、じいさから認めてもらえ、「ここはおまえの海だ」というふうに言われた。その「村一番の漁師」と言われた、このことを、太一自身は、よしと思っているのかね？**

児童　太一は父が死んだ時、まだ幼くて、まだ海に入ったこともあるかもしれないけど、瀬にもぐった

解説
「村一番の漁師」として自信を持っていたのでは、という意見が出たところで、太一はどう思っていただろう、と揺り戻した。

り、海で一本釣りをしたり、漁師という仕事をしたことはなかったと思う。太一は父を殺したクエに会う、父を殺したクエを殺すっていう時は、父の瀬に行くわけだから、父に成長した自分を見てほしかったんじゃないかな、って思うんだけど。釣り針につけたり、外したりしていた時点で行っていたら、父ももし見ていたら「もぐり漁師にはなっていないんだな、弟子のままなんだな」みたいな感じで終わっちゃうかもしれないけど、ちゃんと与吉じいさに認められて、村一番の漁師というふうに自信をつけた自分を見てほしかったから、⑥場面まで待ったんじゃないかな、と思う。

二瓶　なるほど。④場面でのじいさの言葉「村一番の漁師だ」と「ここはおまえの海だ」というあの言葉がやっぱり、太一を父の海にもぐらせた。それまではもぐらない。毎日行っているのにも関わらず。太一はだからこそ、いま一人前の、村一番の漁師だって言われたからこそ、父の海にもぐろうと、ある日、あの⑥場面でもぐり、そして太一は「とうとうやってきた」という実感をしっかりともっている。村一番の漁師、父と同じ漁師と認めてもらえた自分だからこそ、だれももぐらない瀬にもぐった太一がいる。そして「とうとうやってきた」と、自分で自分のことを認めている太一がいる。だから、すがすがしい達成感というのがよくわかるよね。だから聞けたんだもんな、だれにも聞こえないそう大な音楽を。だから嬉しかったんだと。ちょっとここ、母のところ、何場面だ？　母の場面って。

児童　⑤場面。

二瓶　ここでの母の思いって、ここしか出てこないよな。母はここだけだよな、出てくるの。

児童　⑨場面に出てくるよ！

児童　後ばなしにあるよ！

二瓶　あー、後ばなしにもう一回出てくるんだな。ちょっと、母は読んでおく必要ないか？

児童たち　ある！

二瓶　クライマックス場面の太一の変容に関わって。明日ちょっと母をもう１時間。母について対話してみようか。

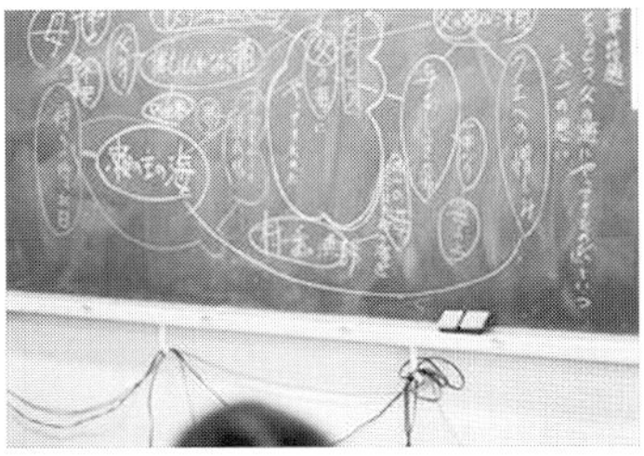

解説

「自分の対話メモに、必要なところだけ書き足しなさい。自分の読みをつくるときに大事だという言葉を書いておきなさい。黒板をすっかり写すのはだめだよ。」と指示して授業を終えた。

子どものノート

重要話題３：心内対話の対話メモと自分の考え

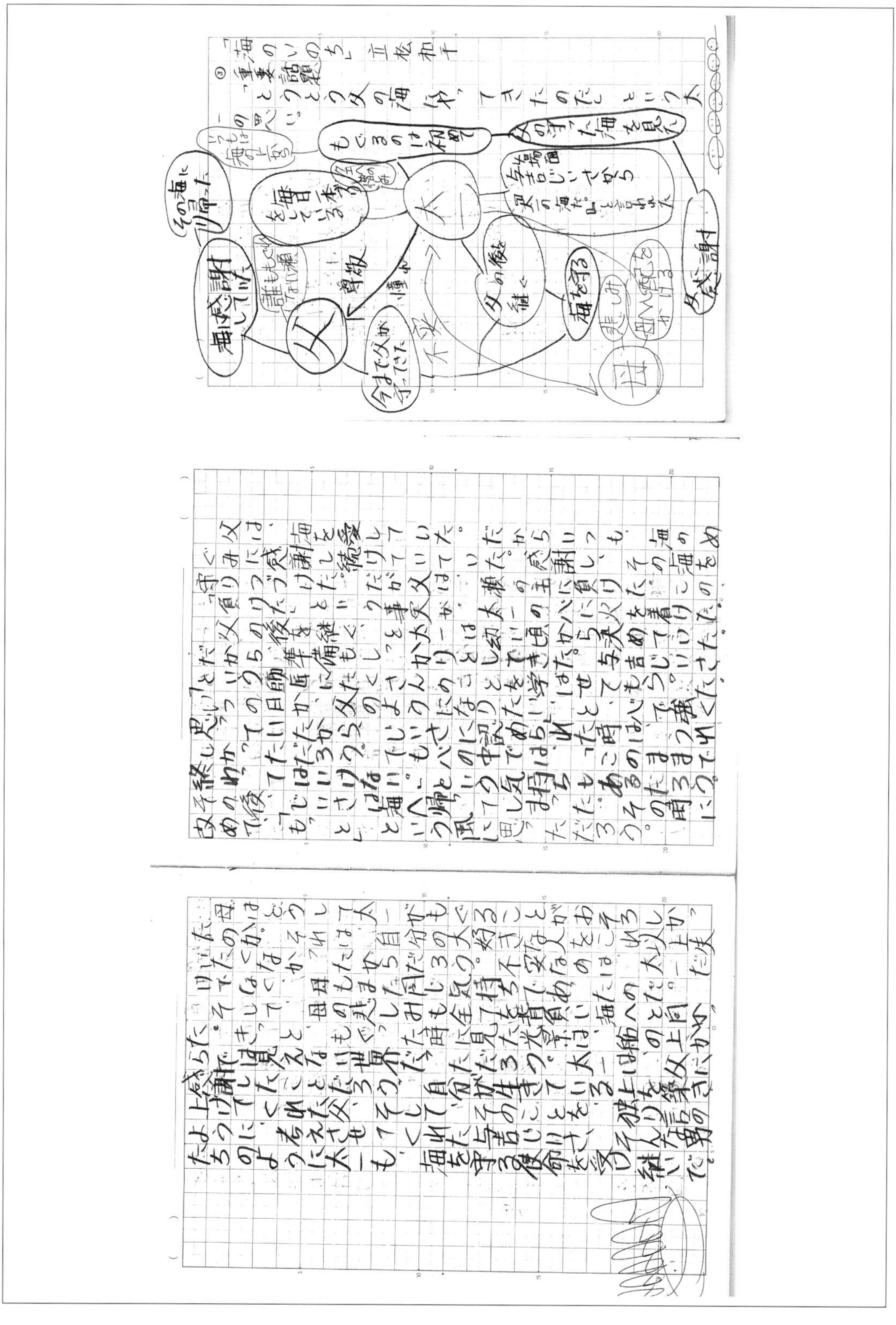

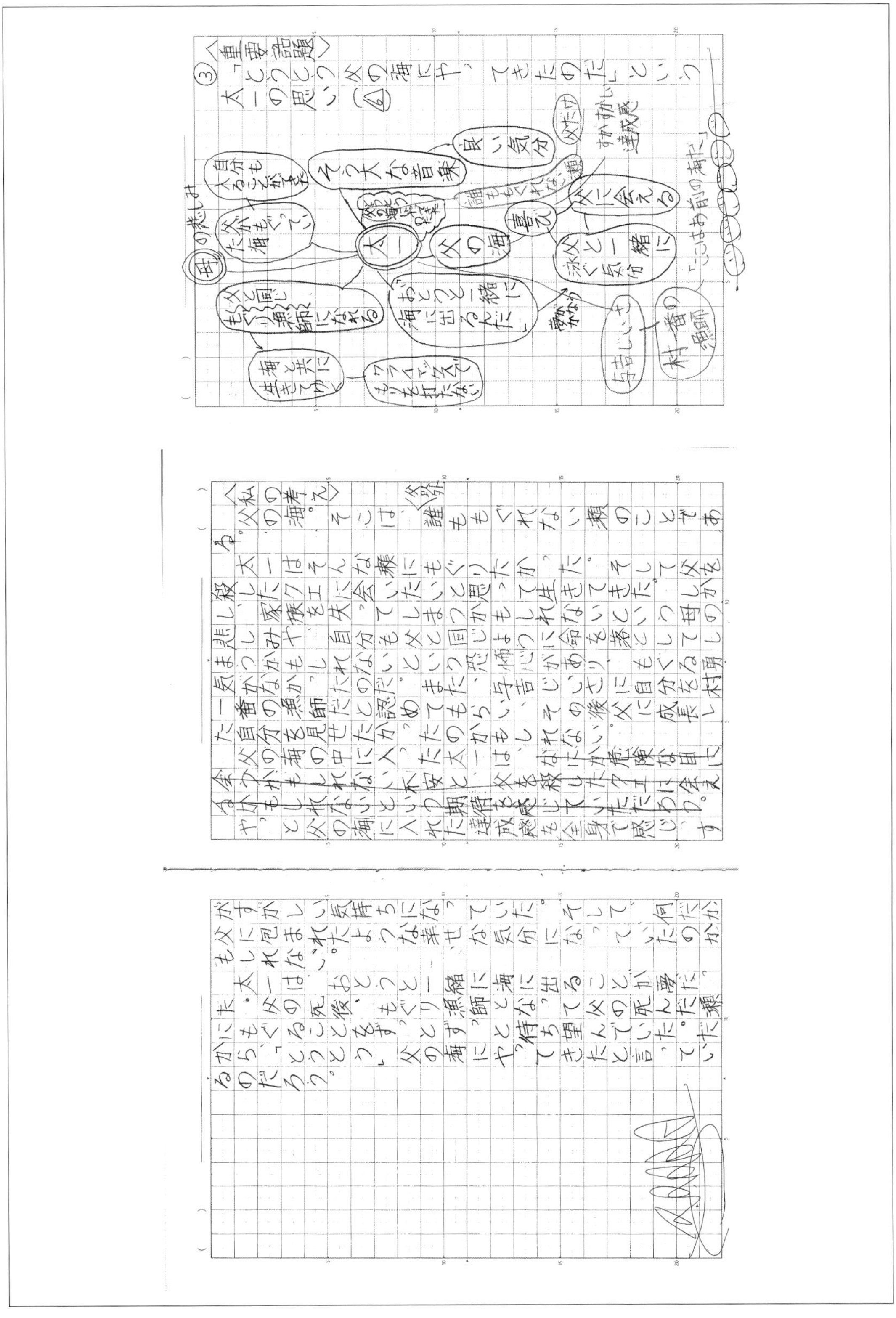

子どものノート

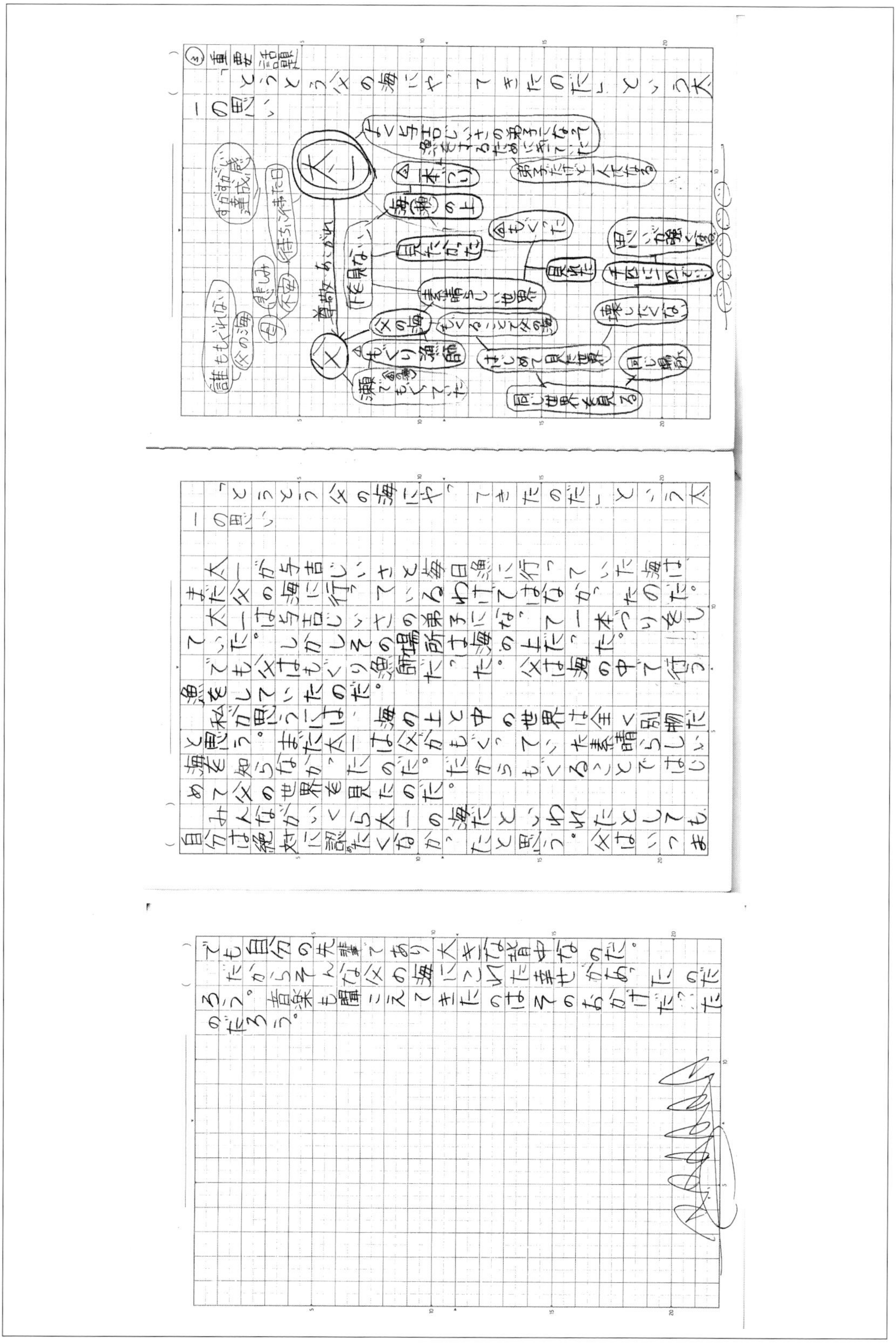

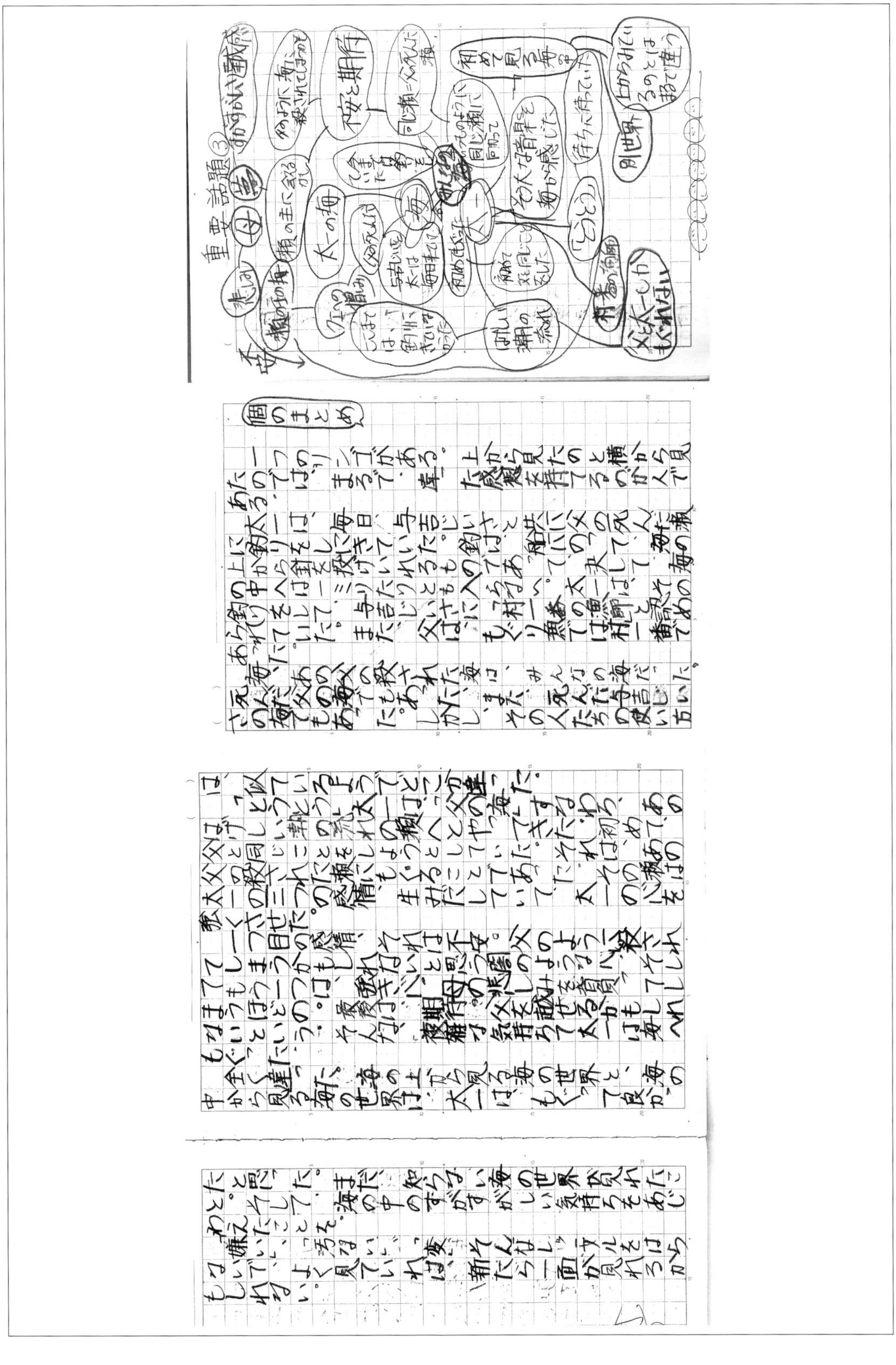

子どものノート

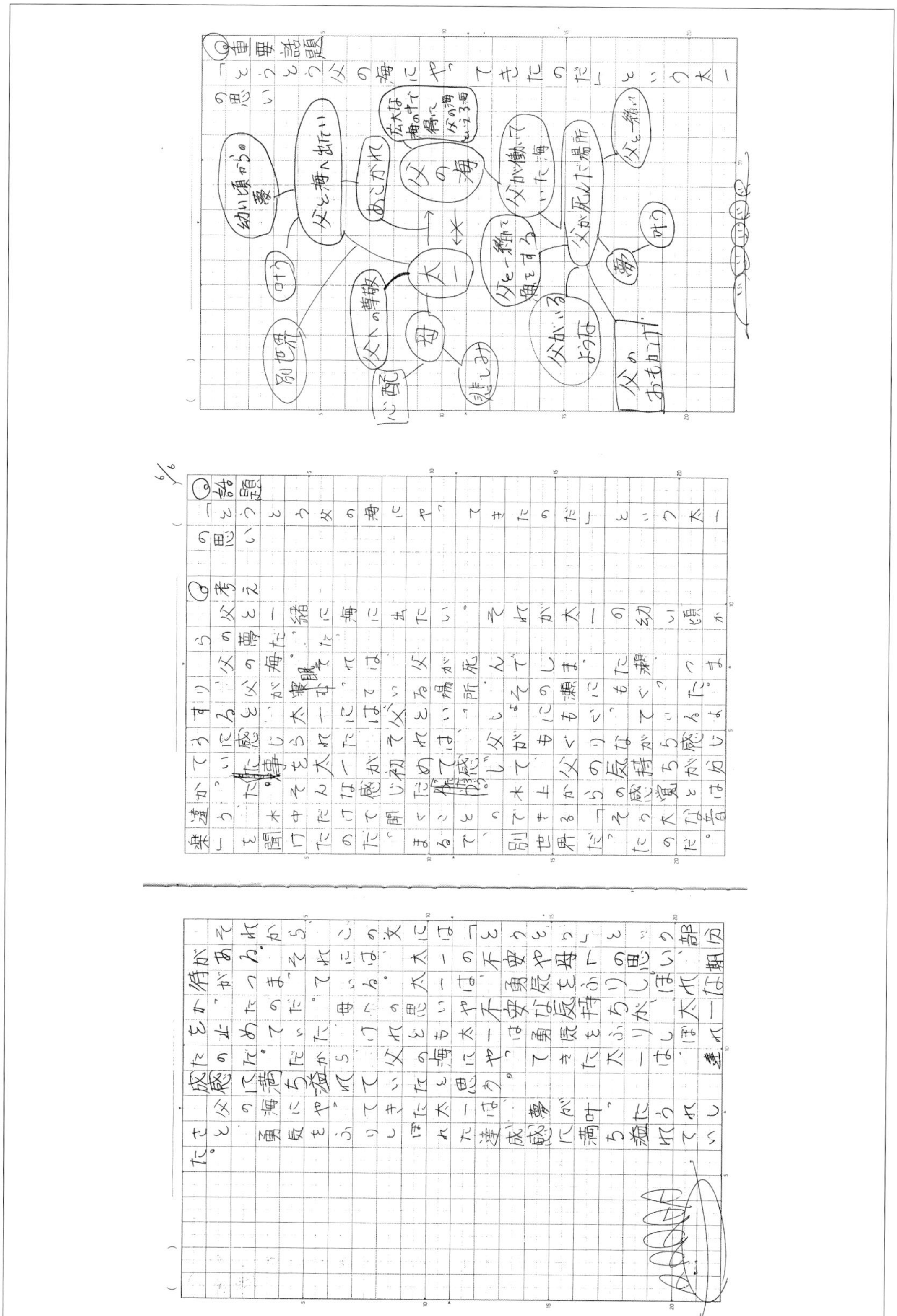

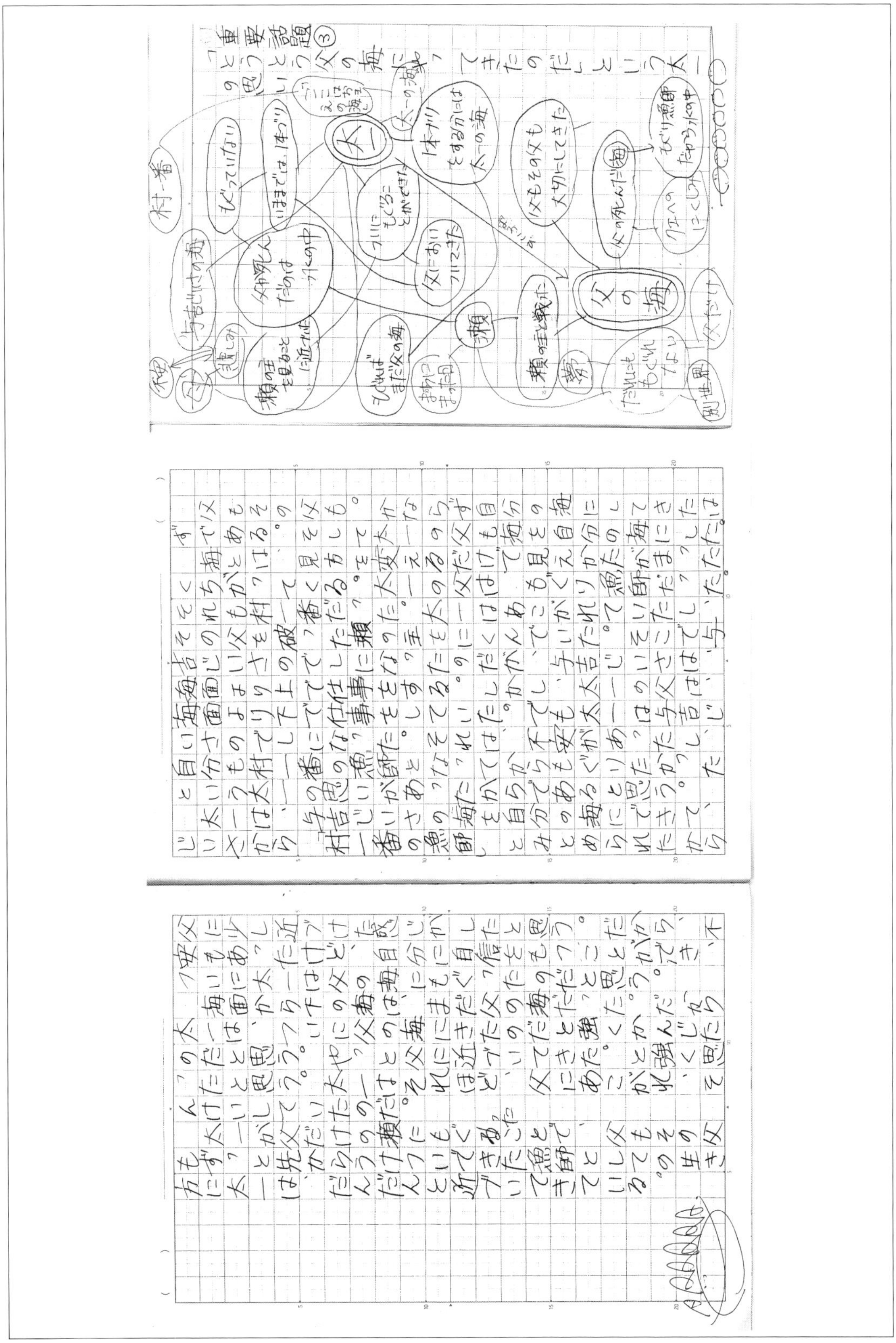

父の海
太一
瀬の主と戦った
村一番
別世界

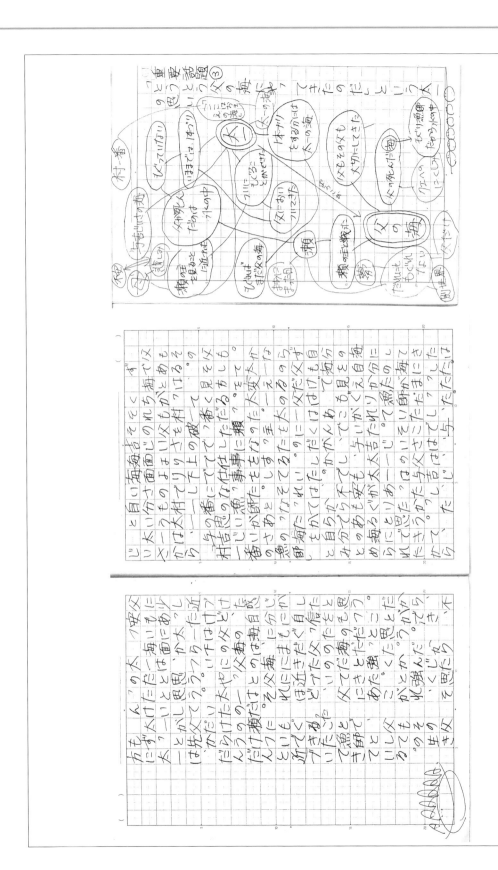

第11時 〈重要話題4〉太一が背負おうとした「母の悲しみ」とは何か

1 本時の概要

「海のいのち」 私たちの中心話題 ◎太一は、何故、瀬の主を殺さなかったのか。(モリを下ろした理由) を話し合う前に、自分の読みをつくり、仲間と読みを伝え合ってみたい重要話題 ④太一が背負おうとした「母の悲しみ」とは何か、を取り上げ、対話によって読みをつくる。

2 本時の学習目標

- 心内対話―ペア対話―全体対話の対話活動を通じて、自分の読みとの異同を確認しながら、対話によって仲間と作品世界を相互交流する。本時の学習が、中心話題の対話に向けたものであること、さらに、単元最終段階の「私の『作品の心』」を受け取るためにあることを自覚させつつ、指導する。

導入～展開

1 学びを振り返り、次の学びにつなげる

二瓶 待っている話題があります。何度も何度も確かめてきました。この中心話題で対話しようと。私たちの中心話題は？

児童たち 「太一はどうして瀬の主を殺さなかったのか」

二瓶 そのために客観的な読みの段階は、もう我々してきました。それぞれが自分の問いで対話してみたいな、もし仲間がいるならば、という個人話題を設定してみた。さらに時間があればその個人話題について、自分なりの読みをノートに整理してきた。37人の個人話題の中で、多くの人たちが設定した個人話題、それをあえて取り上げて、重要話題としてこれまで3時間やってきました。

1つ目の話題が「何故、太一は中学校を卒業する年の夏、無理やり与吉じいさの弟子になったのか」

2つ目の話題が「与吉じいさに両手を合わせる太一の思い」

One Point

授業の最初に必ず現在の立ち位置を確認させる。どこに向かって、いままで何を学び、そして今日は何を学ぶのかを思い起こさせてから授業に臨む。

昨日、３つ目の話題が「とうとう父の海にやってきたのだ」という太一の思い。
この話題で、対話してみて、最後２分前くらいで、もうちょっとこのことについて詳しく読んでみたい、仲間と対話してみたいな、という話題がちらっとみえてきたじゃない。それで、今日その話題で話し合ってみようか、というところで終わったんだったよね。
重要話題の４だ。そんなに時間はかからないかもしれないけれど、やはり読みをつくって対話してみよう。どういう話題でしょう。何について今日、対話する？

児童　「太一は何故、母の悲しみまで背負おうとしていたのか」

児童　「太一が背負おうとしていた母の悲しみ」

二瓶　母のことは昨日、黒板の隅っこに書いたんだよね。このことが「とうとう父の海にやってきた」という太一の思いとつながっている？　母の悲しみ。とうとう父の海にやってきたのだ、「太一は母の悲しみさえも背負おうとしていたのである」というのが前の場面にある。母ってもう１回出てくるんだったよな。何場面だ？

児童　⑨場面。

二瓶　⑨場面、どういうふうに母が出てくる？　ちょっと読んでごらん。

児童　母は、おだやかで満ち足りた、美しいおばあさんになった。

二瓶　おだやかで満ち足りた、美しいおばあさんになった。というのが、その後なんだね。クライマックス場面の後の母親。よっしゃ、読んでみるか。重要話題、こんなふうに表現してみました。「太一が背負おうとする母の悲しみ」の意味。

2　対話によって、考えを深める

二瓶　太一が背負おうとした母の悲しみとは何だ？　太一が背負おうとしたんでしょ？　悲しみを。悲しみってなんだ？　はい行きましょう。まずは心内対話。

児童　１回書いたことがあるときはどうしたらいい？

二瓶　個人話題として設定している人は、改めて読み直しなさい。もちろん前の自分の読みは大事にしながら、対話メモは全部つくり直したほうがいいよ。

―ノートに向き合う子どもたち―

二瓶　太一が背負おうとする母の悲しみとは何か？　よっしゃ、行こう。ペア対話。すぐに話そう。

―ペア対話―

二瓶　では全体対話、行きます。どうぞ。

児童　太一の母っていうのは太一を愛し、大切に育てているわけでしょ。だから、息子の太一を母は守りたいと思っていたんだと思うのね。父が死んだ瀬っていうのは、流れが速くて、すごい危険でしょ？　クエもいるし、近寄って亡くなってしまうかもしれない、という不安や心配が母はあったんじゃないかと思う。だから、それが母の悲しみにつながっていったんじゃないかな。

児童　⑤場面に「くっきょうな若者」って書いてあるじゃない？　あれって、母が悲しんでいるのは父のように息子を死なせたくない、そういう思いがあったから。それがたぶん母の悲しみ。

児童　太一はくっきょうな若者になって、自分も強いってわかっていたと思うから、お母さんのことを支えたかったし、母が心配してくれていることもわかっていたと思うんだけど、母を支えようという太一のやさしさというのも、太一の心の中にあったと思うんだけど。母もそうやって支えてくれるのはうれしいかもしれないけれど、太一が自分を支えたことによって、太一自身がおとうのようになってしまうことがあるかもしれない、って母は思っただろうから。太一が自分のことを思ってくれるのはうれしいけれど、太一が自分のことを思ったせいで被害が及んだら、と心配したから、母の悲しみがうまれたんじゃないかと思いました。

二瓶　なるほど。

児童　太一は瀬の主に向かって、父を殺したと思って

One Point

心内対話の際に、机間指導により子どもの様子をチェックしておくことも大切。書きあぐねている場合には「二瓶ちゃんならこう書くだろうな」と言いながら、ポイントを板書することも。

いるわけでしょ？　そのかたき討ちとして⑥場面で探し始めたわけじゃない？　その前から、そうするのをやめてくれ、と母は太一に言っている。太一は、その母の気持ちがいまいちよくわからなかったのかな。それで⑥場面から⑧場面にかけて探し始めちゃったのかな。

児童　①場面「ぼくは漁師になる。おとうといっしょに海に出るんだ。」と言っているでしょ？　ということは、太一はおとうにあこがれていて、おとうといっしょに海に出たいし、おとうみたいな村一番のもぐり漁師になりたかったから。でも、おとうはそれでクエに殺されたでしょ？　だからおとうといっしょの道を歩もうとしなかったのかな。

二瓶　じゃあ、Rさん、Sくん。

児童（R）　⑤場面に、みんなが言ったように、くっきょうな若者って書いてあるじゃない？　だからなんにでも立ち向かう、っていうことでしょ。①場面「ぼくは漁師になる。おとうといっしょに海に出るんだ。」って、たぶん太一は一人っ子だったと思うのね。母は父を亡くしちゃったし、太一はたった一人の家族だから。たった一人の太一を失いたくなかったから、その悲しみに不安というか、父みたいに死なないでほしい。

児童　父の死っていうところにつながるんだけれど、父の死っていうのは、母とか太一にとっては家族を一人失うことでしょ？　家族を失うってことは、太一も若者って書いてある通り、だんだんその意味とか、余計なことを考えてしまうじゃない。例えばなんで父が死んだんだろう、とか、大きくなるにつれて、そういう気持ちも大きくなると思うの。だから、そういう自分の余計な考えで自分を苦しめてしまうしかなかったのかな、と思う。

児童　Rさんも言っていたように、⑤場面に「くっきょうな若者になって」って書いてあるじゃないですか。で、その母親を自分自身が悲しい思いをさせたくなかった。だからこの⑥場面で唐突に、何も言わずに父の死んだ辺りの瀬に行ったのかな。

児童　私は「守りたい」というのに付け足しなんだけ

One Point

子どもたちが、きちんと本文に戻り、書いてあることを根拠に話している場合は、あえて口を挟まずに見守っていく。

ど、父親とか母親っていうのは、子どもがかわいくて大切に守りたいと思っていると思うのね。先に死なれたらすごく悲しいと思うの。たぶん太一の母は水中で子どもの顔も見ずに死んでいった夫に対して、太一をちゃんと守って育てたい、という気持ちが強かったと思うの。もし太一が死んでしまったら、そういう母親としての悲しみもあると思うんだけど、それだけじゃなくて、ちゃんと父の代わりに、太一を育てなければならないんじゃないか、というその前に太一が死んでしまったら父が悲しむんじゃないか、そういう悲しみもあるんじゃないかな。

二瓶　はあー。

児童　みんなも言っていたけど、ちょっと④場面で「父がそうであったように、与吉じいさも海に帰っていったのだ。」と書いてあるから、父は海に帰っている。で、母は父も死んじゃったから、太一に死んでほしくない、という思いでいるんだけど、太一はやっぱり父の海に出ることが夢だから、やっぱり行くと思ったのね。母は上から見ているけど、父も海に帰ったわけだから、見ているわけよ。だから、父が見ているところで、太一を死なせたくない、という母親の思い。

児童（M）　母って、家族のことをよくわかっていると思うの。だから、太一が父の瀬にもぐりたいということもわかっていると思うのね。だから「おまえの心の中が見えるようで。」と言っているでしょ？　太一が瀬の主のクエが、（板書を指さして）父の仇を打ちたいとか、クエに会いたいとか、そういうこともわかっていたと思うの。さっき家族のことをよくわかっている、と言ったから、父がたたかったクエの強さも知っていると思うの。なんでか、というと、父の強さも母は知っていたから、そのクエのことはもっと強いとわかるわけでしょ？　父が瀬の主のクエとたたかおうと決心したときも、実は母はわかっていたんじゃないかな、って私は考えるんだけど。だけど、母はそれを黙っていたでしょ？　止められなかった。きっとそれが父の願いとかだったから、止めたくなかった。

また、太一のほうの願いが母にはわかっちゃっ

たでしょ？　だから、同じ失敗をしたくない。だから、止めたいという気持ちもあるんだけど、太一のその願いをかなえてあげたいという複雑な感情があるんじゃないかな。

二瓶　なるほど。太一はさまざまにこんなことを思いながら、母の悲しみを背負おうとしていた。これって、母は、いまMさんが言ったように、知っていたのかね？　つまり、これは（板書）は全部、太一の思いは、わかったうえで、それでいてやっぱりこっちの、たった一人の子どもであり、大切な家族であり、母として、なおさらわが子を思う気持ちがあるからこそ、父のように死んでほしくない。でも、太一の願いもわかる。
Mさんは、母は太一の気持ちもわかって、止めようとするんだけれども。

児童（M）　でも、やっぱり子どもの想いって、母にとっては大切なものだから。

二瓶　はー、やっぱり巨大なクエを倒すっていう夢をかなえてほしいという気持ち、願いもよくわかりつつ、でも、不安もあるということね。はー、複雑な、まさしく葛藤だ。母なりの。

―うなずく子どもたち―

二瓶　母の悲しみって、太一のさまざまな思いを、しっかりとわかったうえでの悲しみ。それでいて、わかっているんだけれども、もう１つ、こちら側の不安、父のように太一もまた…という不安が両方強くあって、だからこそ複雑な思いで母の悲しみっていうのがあったんじゃないか、ということか。では、自分のいま持っている読みを大事にしながら、対話メモに足していこう。まだ８分あるから、自分なりの対話メモをつくり直してもいい。そのときに、写真のように黒板を写すのはだめだからね。黒板の言葉を大事にしながら、自分の対話メモをつくりなさい。新しくつくり直してもいい。全体対話のときに最後まで手を挙げている人は、そのことを伝えるつもりで書いたほうがいいよ。

解説

ノートを見てほしいと、授業後に集まってくる子どもたち。

子どものノート

重要話題４：心内対話の対話メモと自分の考え

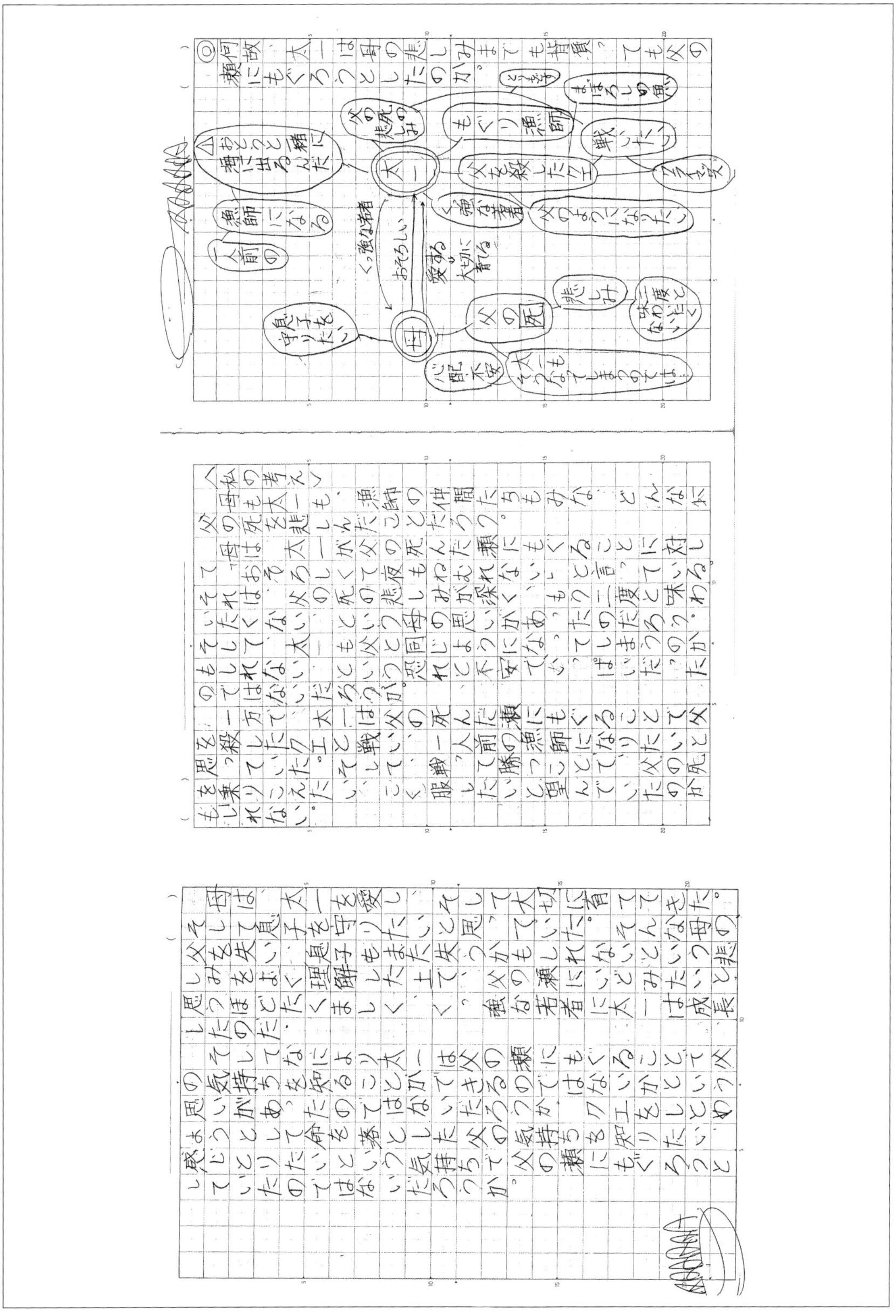

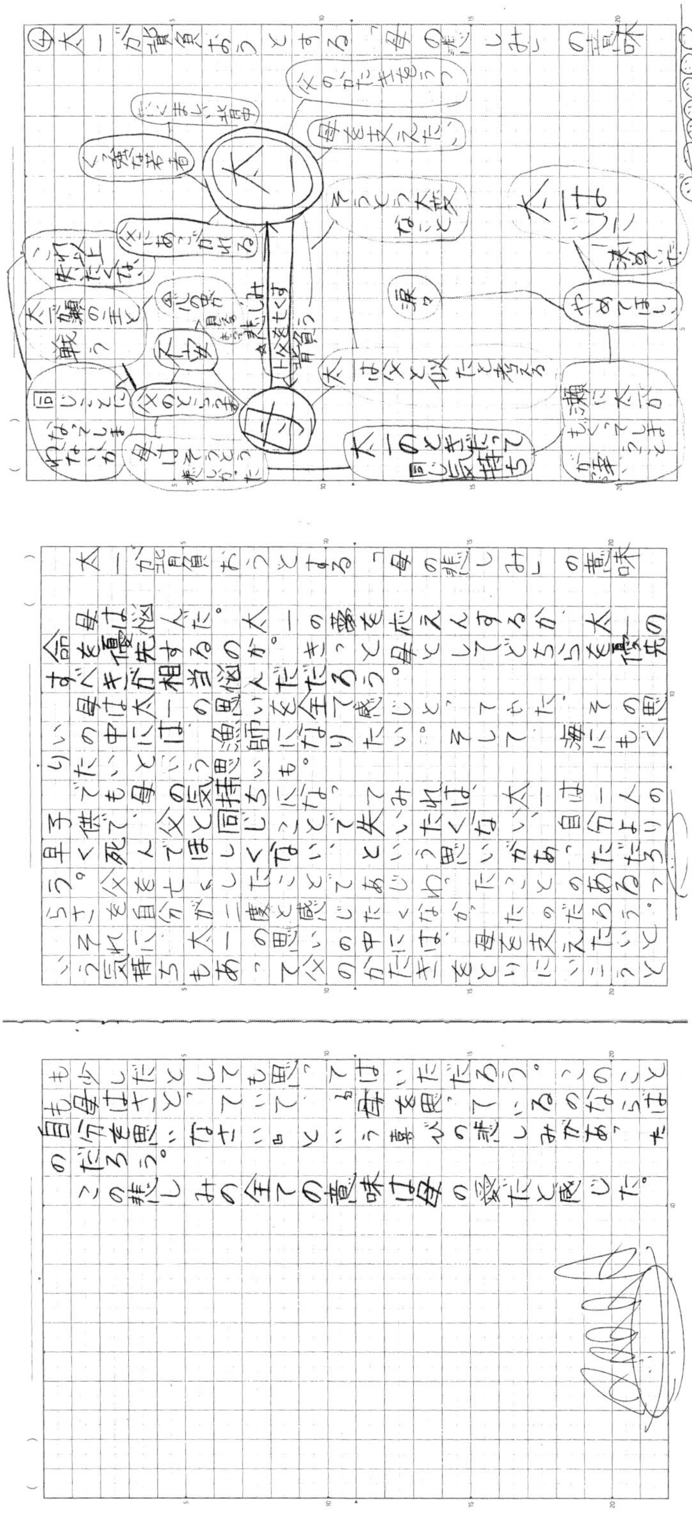

太一が背負おうとする「母の悲しみ」の意味

母は悩んだ。太一の夢を応えんするか、太一の命を優先するのか。きっと母としてどちらを優先すべきが相当悩んだだろう。

母は太一の思いを全て感じとってやった。その思いの中には、漁師になりたい。そして、海にもぐりたいという思いも。

でも母の気持ちになってみれは、太一は一人の子供で、父と同じことで失いたくない、自分より早く死んでほしくない、という思いがあっただろう。父をなくしたことであじわったことのあるつらさを自分が二度と感じたくなかったのだろう。

それに、太一の思いの中には、母を支えたいという気持ちもあって父のかたきをとりにいこうとも少しだとしても思ってはいただろう。このことも母はさとっていて、「母を思っているのならば『自分を思いなさい』という喜びの悲しみがあったのだろう。

この悲しみの全ての意味は母の愛だと感じた。

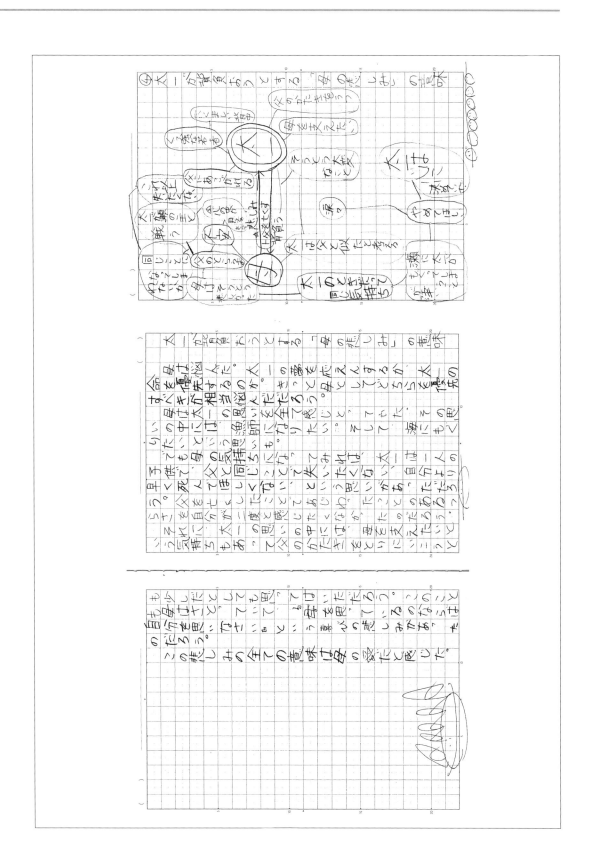

子どものノート

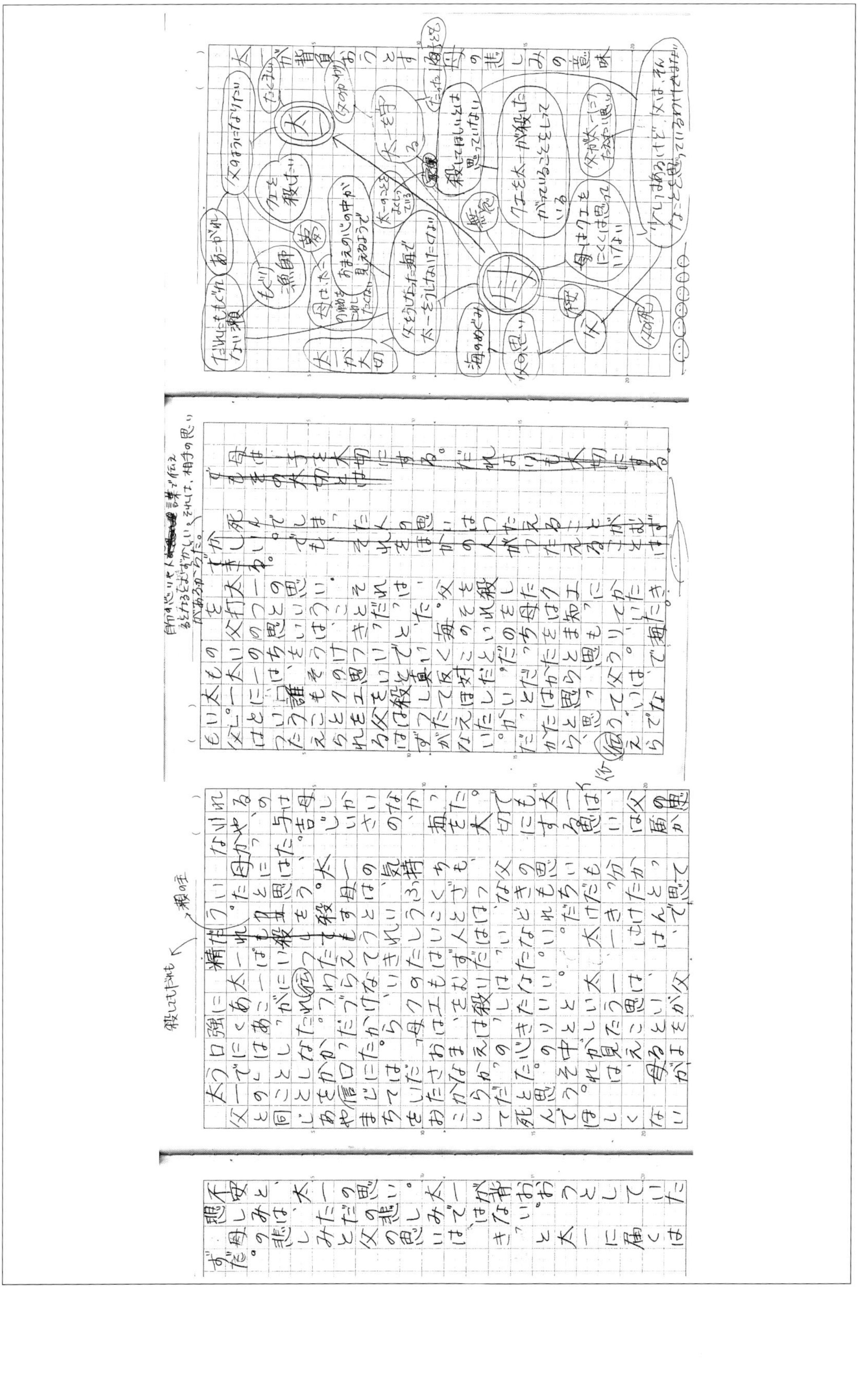

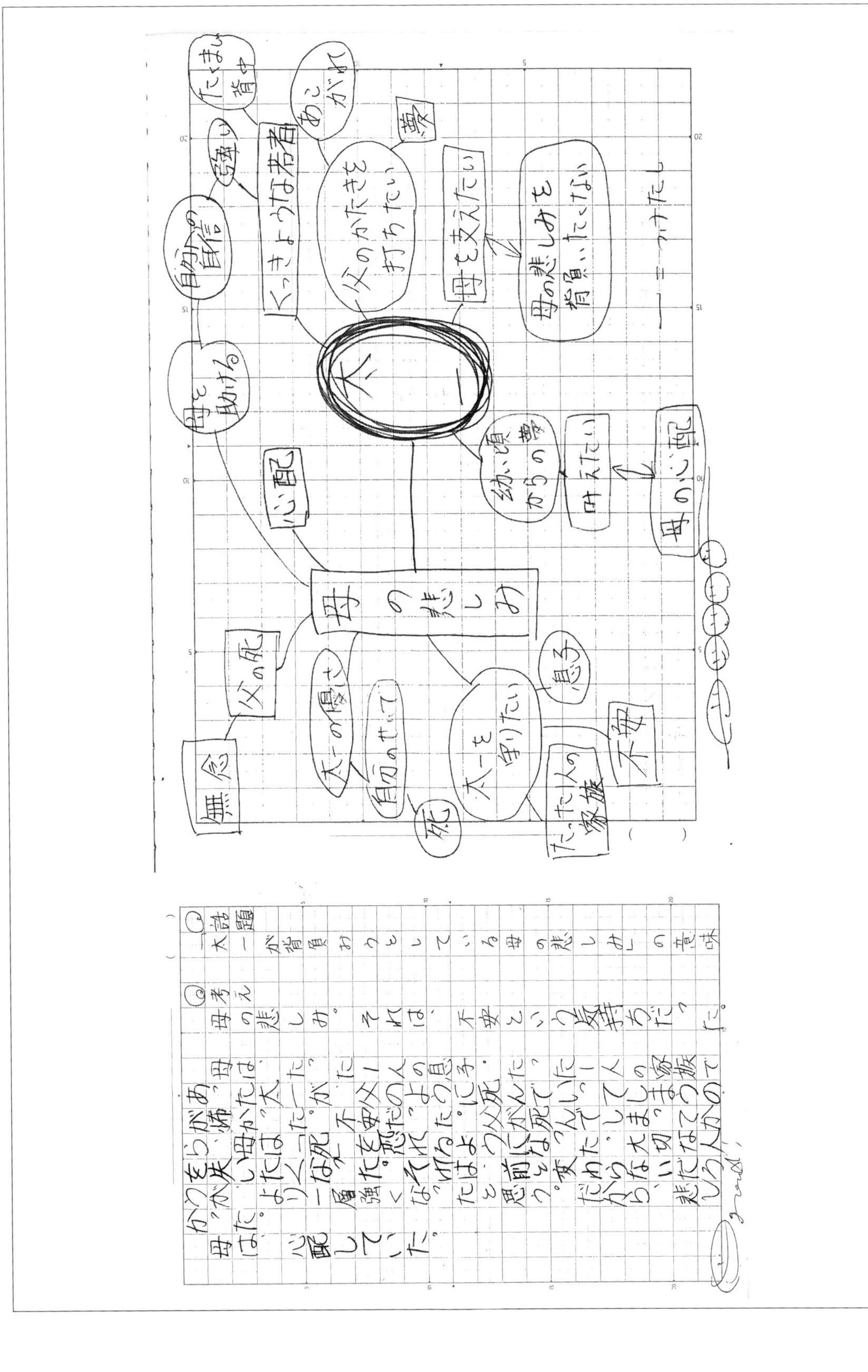
母の悲しみ
太一
父の死
無念
心配
母を支えたい
父のかたきを打ちたい
母の心配
太一を守りたい
不安
息子

子どものノート

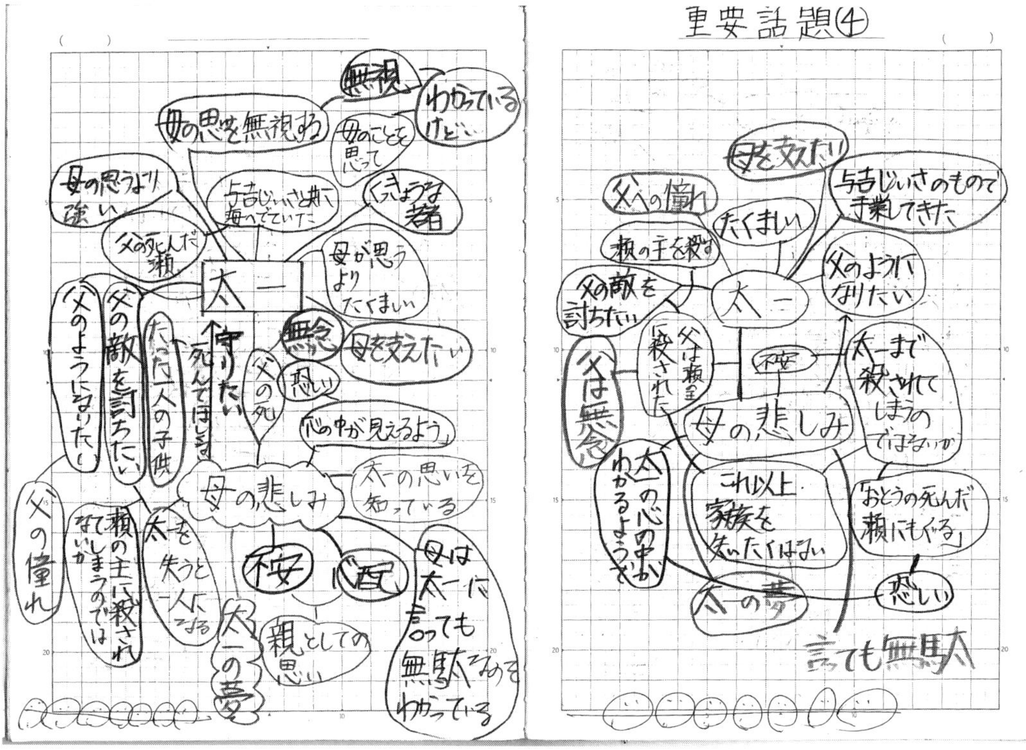

題のまとめ

親が一番、思っているのは、我が子である。それは、誰しもそうである。母の血のつながっているのは、太一だけであった。そして、夫であるおとうも、瀬の主クエに殺された。そんな恐しき海へ太一がもぐってはほしくなかっただろう。太一は、そのことを理解していただろう。太一は、それも無視した。母のことを思っていた。母は、父の死の切なさを知っていた。父も太一と同じ様に二人で海へとでたかったことだろう。といえば、太一の師匠になりたかったのであろう。でも、そんな思いは、瀬の主クエと戦い、殺されたことにより、シャボン玉のようにわれていた。母は、その父の切なさを知っていたが、太一に言わなかった。太一が海へ行くというのがわかっていたから。そして、太一もそうならないように。ただ、太一は、その母の思いをさえぎるように、父への憧れの気持ちは大きくて、もともと父の死への悲しみを救ってはいなかった。その母の思いを、たくましさは、一心で背中に背負っていた。しきを背負って、その母の想像をはるかに越えていた。母への太一の思いはごく普通の親と同じだった。ただし、その思いは太一の母を思うごく普通の子供の思いの平行線のまま、追いかけっこをし続けていた。

夢く

母は大切な人を失った。そのことを、太一は大きくなってから理解できるようになった。母は大切な人が息絶えた場所に太一が行く、というのを認めるのは難しかった。それは大切な息子、ただ一人の家族を失いたくなかったからだ。また、母が息子に理解して欲しかったのは、「死」のリスクだ。父が海に負けたのは、自分の意思ではない。偶然といってもよい。決して望んだ先ではない。

ただ、母も母なりに、息子に夢を追って叶えて欲しい、と、思っている。不安な気持ちと共に夢に向かって頑張ってもらいたいというかっとうがあった。母が息子の夢はこわしてはいけない。

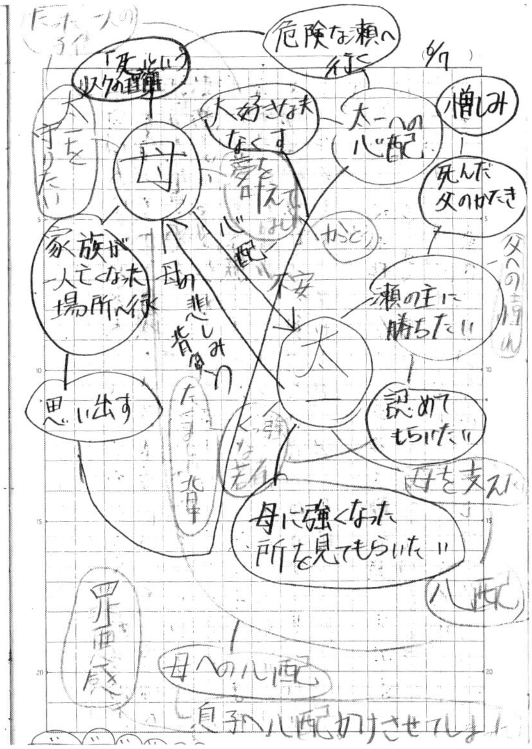

それは、息子の人生だからだ。でも、「いいよ」といって、もし死んでしまったら、自分が殺してしまったかのようになってしまうのではないか、母の複雑な気持ちは、息子にも届いた。息子は、母を支えようとした。ただ、その「優しさ」が母には余計に負担となった。

また、母は大好きな夫をあの流れの速い瀬で失ったのだから、きっと村の誰よりも瀬に対して特別な感情を抱いていたはずだ。太一がその危険な瀬にいくとなれば、父を思い出さずにはいられないはずだ。

でも太一にも太一なりの気持ちがある。瀬の主を倒せば一人前になれる。そのことを理解して欲しかった。父でさえ倒せなかった宿敵クエに勝ちたい気持ち（憧れの）ちは村の誰よりも勝ちたい気持ちは強い。そのことを母に認めてもらいたいのだ。太一の中では、充分「死」のリスクを分かっていると思っていたから、強くなった所を見てもらいたかったようにも思える。

母と息子はお互いのことを分かろうとすればするほど、複雑な気持ちになっていく中で、夢に向かって走り出した太一は、[illegible]若者だか中に母は「現実感」を持ってもらいたかった。余裕を持って生きてほしかったと思う。

もう二度と夫のように亡くなっていってほしくない。もう二度と同じことはくりかえさないでほしい母の願いまでを背負った太一に母は夢をたくした。

こんなかっとうのおかげで、母は、たくさんの気持ちを知ったはずだ。だから、おだやかで満ち足りたおばあさんになったと思う。

たくさんのかっとうなどの中で、自分がやりたい、と思える夢に出会った。応えんしたいと思えた。二人は進み始めた。

第12時 〈中心話題〉太一は、何故、瀬の主を殺さなかったのか（1）

1 本時の概要

立松和平「海のいのち」について、私たちの「中心話題」

「太一は、何故、瀬の主を殺さなかったのか。」（モリを下ろした理由）

に向けて、これまで４つの重要話題を設定し、話し合ってきた。

①太一が、「中学校を卒業する年の夏、無理やり」与吉じいさの弟子になった理由。

②「海に帰りましたか」と、与吉じいさに両手を合わせる太一の気持ち。

③「とうとう父の海にやってきたのだ」という太一の思い

④太一が背負おうとした「母の悲しみ」とは何か。

これまでの学びを踏まえ、「中心話題」ついて対話し、自分の読みをつくる。

2 本時の学習目標

- クライマックス場面を中心とした、「大きな三つの問い」（①最も大きく変わったことは何か。②どのように変わったか。③どうして変わったか。）により、物語の変容を読み取る。
- 本時の学習が、単元最終段階の「私の『作品の心』」を受け取るためにあることを確認し、「クライマックス場面」を中心に「大きな問い」をもって詳しく読むことの重要性を意識させたい。

導入

1 これまでの学びを振り返る

二瓶 「海のいのち」もう何時間もやってきています。最初に出会いの読みをして、「初読の『作品の心』」をまとめてみた。「初読の『作品の心』」を何故まとめた？

児童 いちばん最初の状態で「作品の心」を受け取って、そのあと、ちゃんと詳しい読みをしてからの「作品の心」と比べると、どれだけ詳しく読めたかがわかる。

二瓶 何のために詳しく読むかといえば、自分の「作品の心」が、詳しく読むことによって変わるという体験をするため。最終的に「私の『作品の心』」はこうだよ、この物語が最も強く語りか

解説

大勢の先生方を招いての研究授業。「海のいのち」のクライマックス場面の語りにチャレンジするところから授業を始めた。

けてきたことは、自分の言葉で表現するとこうだよ。人間ってね、生きるってね、と「作品の心」を受け取るために、出来事の流れの把握をした。出来事の流れを捉えるためにまずやってきたことは？

児童　場面。

二瓶　場面構成を捉えたよね。「海のいのち」は９場面構成だ。小さな場面で９つととらえるときに大事な根拠は？　時・場・人物の？

児童　時。

二瓶　時を押さえると⑨場面構成が見えてきた。プラス、場面の一文まとめもやりました。全部やらなかったな。みんなで何場面だけやったの？

児童　②場面。

二瓶　②場面だけやって、そのあとはみんな自力で、作品の星座を作るときにまとめたよね。基本４場面の学習もした。これを踏まえて、作品の星座の客観編をつくり、そして、いまやっている学習は？

児童　変容。

二瓶　変容をとらえる３つの問いを意識すると「海のいのち」のクライマックス場面は⑧で、中心話題は。

児童たち　何故太一は瀬の主を殺さなかったのか。

二瓶　何故太一は瀬の主を殺さなかったのか。何故太一はモリを下ろしたのか。が中心話題になる。でも、いきなりここに行かないで、４つの重要話題をみんなの個人話題の中から設定し、自分の考えをつくり、仲間の考えを一生懸命聞いてきた。さらに自分の考えをはっきりさせていこう。何のためだ？　もう一回確認。何のためにこんな中心話題を設定して、対話をするんだ？　何のため？

児童　最終的な「作品の心」をつかむため。

二瓶　中心話題。「太一は、どうして瀬の主を殺さなかったのか。」について対話をしましょう。心内対話のメモ、つくっていますね。ペア対話の前に、もう一度メモを読み返しましょう（３分間）

One Point

変容をとらえるための「大きな三つの問い」も再度押さえなおしておく。

1　何が大きく変わったのか？
2　どのように変わったか。
3　どうして変わったのか？

解説

本来ならばここで 10 分くらい時間を与えて心内対話メモをつくらせるのだが、別の時間に 30 分くらいかけて、メモをつくっているので、そのメモを見返す時間を与えた。

2 対話によって考えを深める

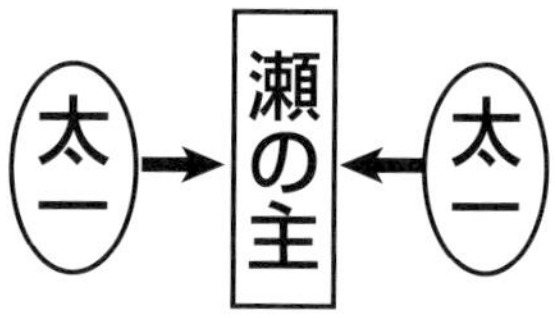

二瓶 ちょっとやめ。もし二瓶ちゃんが、同じ中心話題で対話メモをつくるとしたら、「二瓶ちゃんなら」と、ここまで（右図）示したよね。なんで、二瓶ちゃんは最初にこんなことを書く？

児童 右側の太一は変容する前の太一で、左側の太一というのは変容した後の太一で、それぞれ気持ちが変わってくるから、二つの太一と書いた。

二瓶 なるほど。色を付けておこうか。変容前の太一、何色にしておこうか？

児童たち 青…、緑。

二瓶 青がいいか？ 青？ 緑？

児童たち （口々に）青…、緑。

二瓶 二瓶ちゃんなら変容前は緑にする。変容後は青にしたい。二瓶ちゃんなりの理由、なんだと思う？

児童 ②場面に「光る緑色の目をしたクエがいた」とあって、⑧場面には「青い宝石の目」とあるから。

二瓶 その通り。だから、もし色をつけるとすれば、変容前を緑、変容後を青にするだろうな。②場面で父が死んだとき、巨大なクエは「緑色の目をした」とある。ところがクライマックス場面で太一は、巨大なクエを見た時に「青い宝石のような目」と捉えている。おっと、微妙だな。これは変容前なのか変容後なのか。でも、なんか②場面は緑色で、クライマックス場面では青、目でいうとね。

―うなずく子どもたち―

二瓶 確かな変容をするのが⑧場面ととらえています。変容前はどこを中心に読めばいい？ 確かな変容が⑧場面だとしたら、変容前の太一、緑で囲んだ太一は何場面を読めばいい？

児童 ①から⑦場面。あと⑧場面も。

二瓶 あくまでも書かれたことを中心に太一の変容を捉えましょう。なぜ太一は、巨大なクエ、瀬の

主を殺さなかったのか。ペア対話どうぞ。

―ペア対話（相手を変えて２回行う）―

二瓶　**全体対話に入ります。中心話題はとても大きな問いですので、まず変容前から。クライマックス場面で大きく変容する太一がいる。このクライマックスで変容する前の太一に絞って考えてみよう。「なぜ太一は、巨大なクエ、瀬の主を殺さなかったのか」は別の問いでいえば？**

児童　「なぜ太一は、クエを殺そうとしたのか」

二瓶　**それに絞ってまず行こうよ。**

児童　太一の父を瀬の主が破った。ということは、太一から見れば、瀬の主を殺せば、父よりも強いということになるから、瀬の主を殺したかった。

児童　父を超えたかったというのもあると思うけれど、太一は与吉じいさに村一番の漁師と言われていたでしょ？　①場面にあるように、「ぼくは漁師になる。おとうといっしょに海に出るんだ。」と言っているから、父も同じ思いだったと思うの。その太一が尊敬していた父を破ったクエを殺すことによって、自分は強くなれる、自信が持てるということがあったから、瀬の主を殺したかった。

二瓶　**じゃあ、関連してもう一人くらいいこうか。**

児童　父を超えるのもそうなんだろうけど、村一番の漁師を破ったクエに実際に会って、殺してみたいという気持ちが一番強かったんじゃないか。

児童　瀬の主を殺すことによって父を超えるって言ったでしょ？　父とか与吉じいさの生き方というのは、海のめぐみを千びきに一ぴき「いただく」という生き方。でも、太一が思う瀬の主への思いは、そんなきれいなものじゃなくて、嫌な言葉だけど、瀬の主を殺すっていう…。それは、村一番の漁師の生き方としては間違っていると。

二瓶　**ちょっと待って、変容後の話まで言ってない？　行きそうになっているよ（笑）。またあとで話して。まず、なぜ殺そうとしたか、なぜ倒そうとしたか、で行ってみようよ。**

児童　みんなが言っているように、②場面で父が殺されたじゃないですか、そのときは瀬の主に、決

One Point

１度目のペア対話の後、女子を立たせて席を移動させ、相手を変えて２回目のペア対話を行ってから、全体対話へと入った。相手を変えて話すことで考えがまとまり、話したいことへの自信もわく。自分の意見を言いたい、というボルテージが高まったところで全体対話に入った。

解説

なぜ太一は、クエを殺そうとしたのか。なぜ倒そうとしていたのか、に絞って対話を始めた。変容後に話が及びそうになり、慌ててストップをかけている。

戦の末、最後ロープが絡まってしまって息絶えた。父は最終的に海に帰ったって、太一は思った。なぜ殺そうとしたのかといえば、無念とか、父の仇。幼いころからあこがれていた父を破ったんだから、恨みがあるのは当然だし、「ぼくも漁師になって殺す」って言い方は悪いけど、殺したいというのが、小さいころからの夢。それで瀬の主がいる父の海に太一はもぐりたくて。「ふいに夢は実現するものだ」と⑧場面に書いてあるけれど、そのように、もしかしたら瀬の主に会えるかもしれない、そうしたら、夢がかなう、と思っていた。

二瓶　**それは出てきているよな。太一の夢。無理やり与吉じいさに弟子入りした。中学校を卒業する前に、無理やり。「とうとう父の海にやってきたのだ」という太一の思いにも、それは出てきているよね。なるほど。父を超えるために倒さなければいけない。もう一つは、父の仇。あこがれであったからな、だからこそ殺したい、でいいですか？　何故殺そうとしたのか。何か言いたい人いる？**

児童　瀬の主を殺したいというのは、やっぱり太一が小さいころからあこがれていた父を殺したクエがすごく憎いからだと思うんだけど…。

太一は幼い時から漁師になりたい、と言っていたじゃない？　その漁師というのはたぶん、村一番だった父のような漁師になりたい、ということだと思うから。父は太一にとって大切な家族だし、ずっとあこがれだったから、その人を殺されたということが、父の仇を絶対討つぞ、という気持ちになったと思う。

二瓶　**まだ、ある？**

児童　①場面に「潮の流れが速くて、だれももぐれない瀬に、たった独りでもぐっては、岩かげにひそむクエをついてきた。」と書いてあるでしょ？　おとうは村一番の漁師で、太一のあこがれでもあり、父が自慢だった。だから、おとうを殺されて嫌だったんだけど、おとうといっしょに漁に出たいということは、おとうのような漁のしかたをしたいと思っていた。でも、そのときはそういう考えだったけど、いっぱい獲

ればいい…。

二瓶　**ちょっと待った。こっち（変容後）に行ってない？また後で発言できると思うよ。はい、どうぞ。**

児童　父の仇って言っている。なぜ父の仇をとるかと言うと、①場面にもあったように、おとうといっしょに海に出る、という夢があったから、父の仇をとりたいと思った。④場面で「父がそうであったように、与吉じいさも海に帰っていったのだ。」と書いてあるから、一緒に海に出たいという夢をかなえるために、父を探しに、父の瀬に行ったと思う。

二瓶　**なぜ殺そうとしたのか。でも、太一は殺さなかったんだよ。あこがれていた、いつかおとうと一緒に海に出るんだ、という思いを持っていた、その父を殺した仇だ。だから、仇を討て。**

あるいはもう一つ、みんなが言っているように、この巨大なクエ・瀬の主を殺すことは村一番の漁師、誰ももぐれない瀬にたった一人でもぐれる、その村一番の漁師だった父を超えることができる、だから倒そうとした。

だったら、モリを刺せばいいじゃないか。ところが太一は瀬の主を殺さない。こっち（変容後）へ行っていいですか？

児童たち　えー。

二瓶　**じゃあ、こっち（変容前）を含めながら、こっち（変容後）へ行ったら言いやすいんじゃない？**

こっちを含めながら、なぜ太一は殺さなかったのか、モリを下ろしたのか。

児童　父と与吉じいさは死んだのではなく、海に帰っていった。海に帰っていったということは、海にまだいる、という表現の仕方だから、太一はまだ海にいると思っている。父が見た瀬の主の目の色と、太一の見た瀬の主の目の色に関係するんだけれど、太一の見た瀬の主は、殺そうとしても全然動かなくて、穏やかな目だったでしょ？　その穏やかさというのが父と似ていると思うの。だから、瀬の主の中に父がいるような気がして、それで「おとう」と言ったと思う。父を殺してはいけない、というふうに思ったから、殺さなかったんじゃないかな。

解説

変容後に話が及びそうになる子たちを押さえつつ、まずは変容前の太一を押さえなおす。

二瓶　太一は巨大なクエを「おとう」と呼ぶ。父の仇である、父を超えるため倒さなければいけない相手である巨大なクエを、太一は「おとう」と呼ぶ。

児童　ちょっと似ているかもしれないけど、⑧場面で「太一は鼻づらに向かってもりをつき出すのだが､クエは動こうとはしない。」って､モリがこっちに近づいてくるのは、クエにとっては殺されるかもしれない。でも動じないすごい心の持ち主だと思うの。①場面の「不漁の日が十日続いても」いらだちみたいなのを耐えて動じなかった父の心と、③場面にあった、魚をもっとたくさん取りたい、という欲を押さえて、動じない与吉じいさの心。そのクエの中に太一はおとうの動じない心と、与吉じいさの動じない心を見たと思うの。もしクエをいま殺したら、父を超える、父の仇をとることができる。でも、クエを殺したら、おとうも殺すことになっちゃう。だから、おとうの動じない心がなくなっちゃうというか、それが少し寂しかったというのと…。

二瓶　少し長いからそこまでにしておいて。一つはこれね。「おとう」と呼んでいる太一がいる。それは殺さなかった太一の心の表れである。だから「おとう」と呼んだんだ。「おとう」と呼ぶじゃない？　それに関わって、どうして殺さなかったのか？

児童　クエはそもそも穏やかな目をしていたわけでしょ。クエの穏やかな目に太一は心を動かされたのだと思う。自分に殺されたがっている、という思いだったのに、動じなかった穏やかな目に心を動かされて「おとうここにおられたのですか、また会いに来ますから」と。クエの中におとうを見て、いままで家族だったおとうと同じように瀬の主も大切に守っていこう、という思いがあった。

二瓶　いまのことはどこにつながっているの？　大切に守っていこう、クエのことを、というのは。

児童　⑨場面の「太一は生がいだれにも話さなかった。」という思いがここに表れている。

二瓶　なるほどね。なぜ「おとう」と呼ぶ？

児童　父は全く動じなかった。瀬の主も動じなくて、

解説

変容後を含めて、太一の思いを話し合う段になると、俄然熱気を帯びてきた。自分の読みを聞いてもらいたい気持ちがあふれ、話が止まらなくなる子も。

解説

話が拡散しそうになったので、「おとう」と呼ぶ太一に絞った。

その動じない心というのと、海のめぐみを大切にしているおとう、与吉じいさも入っているけれど…。

二瓶　**なんでじいさが出てくるの？　「おとう」と言った時に、なぜ与吉じいさが出てくるの？　クライマックス場面にじいさは出てこないだろ？**

児童　おとうは①場面で「海のめぐみだからなあ。」と言っていて、与吉じいさは③場面で「千びきに一ぴきでいいんだ。」と言っていて、海に対する考え方が、おとうと与吉じいさは同じだな、と思った。太一は、父や与吉じいさを尊敬している。尊敬している人が思っている気持ちを、自分もつなぎたかったというか、自分もそうしたかったという思いがあった。

二瓶　ふーん。

児童　おとうに関して付け足し。右側、緑色の方から、父を殺した瀬の主を憎んでいて、殺そうとしていた。おとうは闘いを挑んで負けてしまったから、瀬の主に対して、父の面影を、海に帰っていった父の面影を見れるようになって、「おとう」みたいな。だから左側では殺せなかった。

二瓶　**なるほど。おとうを見たんだろうね。巨大な瀬の主に。でも、誰かが言った、おとうだけじゃない、じいさのことも見ているんじゃないか？　巨大なクエに。**

児童　変容前の太一の時に、瀬の主の目の色が緑色で、そのときは父を殺した憎い存在だった。小さい時だから、恐ろしくて、倒さなければいけない危険なものという思いがあったと思う。だからこそ、倒していいと思っていたんじゃないかな。クライマックス場面の瀬の主は、②場面で父の仲間たちが見た瀬の主とは全然違って、目の色もそうだけど、穏やかな目と書いてある。それが心も反映していると思う。そのとき太一はすごく戸惑ったと思う。憎かった相手が、そんな穏やかな目で自分の方を見るから、びっくりするし、このまま自分が殺していいのか、というふうに思ったと思う。⑧場面の最後に「この海のいのちだと思えた。」と書いてあるけれど、父や与吉じいさは海をとても大切にしていた。そのような思いが瀬の主にもあるんじゃな

いか、と思えたから、殺さないで済んだのかな、と思います。

3 仲間と読み合う面白さを体得させる

二瓶 **変容した太一は、巨大なクエ・瀬の主を「海のいのちだと思えた。」と言っている。これも殺さなかった理由で、極めて重要になってくる。押さえなきゃいけないだろう。その前に、なぜ「おとう」と呼ぶ？　じいさにつなげた人もいたね。この辺、読みを持っている人。**

児童 おとうに関連したことだけど、①場面で「大物をしとめても、父は自まんすることもなく言うのだった。」というのは、いのちをもらっている、大切さを知っている。③場面でじいさが「千びきに一ぴきでいいんだ。」と言っていて、二人は同じことを太一に伝えたかったと思う。でも太一は、その意味がはじめは深くわかっていなくて、父の仇を討つ、倒すとずっと思っていた。⑧場面で太一はわかった。クエ・瀬の主は穏やかな目で、伝えたんだと思う。それでいのちの大事さとか、いのちの重さとかを感じ取った太一は、父のように思えて、こんな思いで瀬の主を取ったって、父は僕のことを認めてくれないだろうな、と感じたんだと思う。

児童 まず太一がなぜ瀬の主を殺さなかったのか、私は瀬の主のクエの目が父や与吉じいさの目に似ていたからだと思う。なんでかというと、②場面に出てくる目の色と⑧場面に出てくる目の色が違う。そこの間で変わったんだなと思う。父が海に帰ったことと、与吉じいさが海に帰ったこと。海に帰って見守っていると思う。瀬の主になって、二人とも見守っていると思う。

なんで太一は「おとう」と呼んだのか、与吉じいさと呼ばずにおとうと呼んだのか。父は、太一がこの瀬にもぐることを待っていたと思うの。なんでかと言うと、この瀬がおとうの海だったでしょ。でもおとうは死んじゃったから、この海は今のところ、まだ正式には誰の海でもない。太一がこの瀬にもぐって一人前のもぐり漁

解説
「おとう」と呼んだ太一。おとうと与吉じいさをつなげて読んだ友達がいたことを思い起こさせ、再度考えさせた。

One Point
友達の話を聞いているうちに、自分の思いがまとまったり、自分の考えが変わってくることもある。仲間と読み合う面白さ、仲間と話し合う楽しさ、対話の奥深さを感じさせたい。

師になったところで、おとうは自分の海を太一に任せよう、と思っていたと思うの。瀬の中で会って、さっき「沈黙の時間はこの海を任せるよ」ということをやっていたんじゃないかと、私は思う。だから、殺せなかった。それで、「おとう、ここにおられたのですか。」って言ったのだと思う。

二瓶　**おとうが待っていたのか。太一が一人前になって、自分に会いに来るのを。というふうに太一が思ったっていうことか。はー。おもしろい！**

4　詳しく読むことの重要性を意識する

二瓶　**海に帰るという言葉はどこに出てくる？**

児童たち　④場面。じいさがなくなったとき。

二瓶　**海に帰るってなんだ？　じいさも、父も海に帰った。だからこそ「おとう」と呼んだ。この辺について話したい人いる？**

解説
父と与吉じいさの生き方とは。海のいのちを大切に生きる…。父もその父も、その先ずっと顔も知らない父親たちに思いをはせて、考えが深まっていく。

児童　太一は与吉じいさに向かって、自分を村一番の漁師にしてくれたという目で見ている。村一番の漁師ってことは、父のようになれたということ。なぜ、海へ帰ったという表現を使ったのか、というと、太一とじいさと父は、海で生まれて、海で育った。漁師をしながら、海で遊びながら育ち、死んだときは生まれた海へ帰っていく。

二瓶　**なるほどね。海で生まれ、海で育ち、海で死んでいく。だから「海に帰る」という表現。**

児童　父も与吉じいさも海のいのちを大切にして漁師をしてきた。だから死んだときに、海を大切に思っていたから、海に帰っていったんじゃないかな。

二瓶　**海を大切に思うっていうのは、どういう生き方？**

児童　「海のめぐみだからなあ」って、余計な魚を獲らないで、必要とする魚だけを獲って、「千びきに一匹でいいんだ。」って、儲けるためじゃなくて、次に「父もその父も、その先ずっと顔も知らない父親たちが住んでいた海」って、ずっとつないできた。つないできた一員となった人が海に帰っていくんじゃないかな。

二瓶　**「いのちをつなぐ」ってどういうこと？**

児童　①場面の「父もその父も、その先ずっと」海で生きたのが、父もその父も、ずっと顔も知らない父たちだから、いのちをつなぐというのは、ご先祖様の生き方みたいなのをおとうはつないでいったと思う。

二瓶　**冒頭の一文「父もその父も、その先ずっと顔も知らない父親たちが住んでいた海」いのちをずっとつないできた。太一の父に、そして太一に。クライマックス場面のあと、いのちはつながっていないか？　変容した太一はいのちをつないでいないか？**

児童　私が最初いのちをつなぐと思ったのは、太一が海のいのちを殺さないで、生かしている。太一が大魚を殺さなかったことがいのちをつなぐっていうこと。

二瓶　**殺さなかったことにより、海の中のいのちをつないだっていうこと、太一が。なるほどな。**

児童　太一は、「父もその父も、」と書いてある、もぐり漁師の血、技と腕をついできたと思う。太一もそれを受け継ぐために、父の死んだ瀬に行って、海のいのちをつぐ、ずっと前から受け継がれてきた海のいのちをつなぐために、太一も父の死んだ瀬に行ったと思う。

二瓶　**なるほどな。太一が瀬の主を殺さなかったことにより、海のいのちをつなぐことができた。と同時に、父もその父も、その先ずっと顔も知らない父親たちから受け継がれてきたいのちを太一は…。**

児童　①場面、父は自分の欲のために魚を獲らなかった。だから、いのちをいただいているという心をいつも忘れなかった。与吉じいさもそれはいっしょで、たとえば大きいブリがいたとしても、20匹しか獲らないで帰る。自分の「これを獲ったら儲かる」という欲を抑えていた。変容前の太一の心は、父を超えるために、父の仇をとるためにクエを殺す、という自分の欲のためにクエを殺すことだったと思う。だけど、⑧場面でクエを見て、クエを殺すってことは自分の欲のためだ、本当に海のいのちのためにやるのではないということがわかって…。海のいのちと言うのは、海の一つのサイクルだと思う。

解説

「いのちをつなぐ」「いのちをいただく」「海のいのちは海のサイクル」…友達の言葉に刺激され、対話はますます熱気を帯びた。

父は海に帰った、与吉じいさも海に帰った。海に帰って、また海に生まれるというか、そういうのがずっと続いて太一に回ってきたと思うから。動じない心とか自分の欲で動かない心を持った人だけが、そのサイクルの中に入れるというか、だから、太一も海に帰っていけると思う。

二瓶　**はー。まだ死んでないけどな。いずれ海に帰っていくだろうということね。**

児童　海に帰るということに付け足しなんだけど、海に帰るっていう言葉を僕は、海で生きてきたという言葉だと思った。海で生きてきたのは、①場面で冒頭にも書いてある通り、「父もその父も、その先ずっと顔も知らない父親たちが住んでいた海に」ということは、たぶんそこで父たちも海で漁をしながら生きてきた。与吉じいさも。だから、海で、海のいのちの大切さを知った村一番の漁師たちだけが海に帰るんだと思う。だから、海に帰ったという表現を使ったんだと思う。

二瓶　**何をしゃべりたい？**

児童　いのちをつなぐとは違うんだけど、緑の時の太一は、「所詮クエだから」と思ったと思う。余裕というか、。⑥場面「所詮クエだから」と思ってもぐったと思う。でも、結果としては殺せなかった。殺せなかったということは仇をとれなかったということで悔しかったと思う。だけど、父親だと思うことによって、悔しさがなくなるということだから、逃げるために「おとう」と思ったんじゃないかな。

二瓶　**その悔しさから…なるほど。ごめん、後ばなしで、太一どうしたっけ？　その後。**

児童たち　結婚して、子どもを産んで…。

二瓶　**村の娘と結婚し…**

児童たち　子どもを育てた。

二瓶　**なんか、どうでもいいことじゃん。**

児童　さっき言ったように、どんどん海のいのちが受け継がれていくということは、太一も子どもができたことで安心して、そのあと海に帰れるし。

二瓶　**すぐみんな殺したがっているなあ。**

児童　太一がおとうから受け継いだものを、太一もま

解説

ここで後ばなしに着目させた。子どもたちの反応を見て、あえて「なんか、どうでもいいことだね」と揺さぶりをかけた

た受け継いでもらえる。

二瓶　気持ちはわかる。
あのね、変容する前の太一がいる。太一にとって瀬の主は、父を超えるために倒さなければいけない壁のような存在。父を超えるために倒そうとした。もう一つは憎しみ。父の仇を討とうとして倒そうとした。でも気になるのはこっちだ。父を超えようとして瀬の主に出会えた。クライマックス場面でモリを構えた。太一はなんと言ったっけ？　この魚をとらなければ…。

児童たち　「ほんとうの一人前の漁師にはなれない」

二瓶　どういうこと？　巨大なクエ、瀬の主を倒すことは、あこがれていた父を超える漁師になることだ。倒さなければほんとうの一人前の漁師になれない、と太一はすごく悩む。その末に、太一はモリを下ろし、おとうと呼び、海のいのちだと思った、ということは、結局太一は父を超えることは？

児童たち　できない。

二瓶　できなかったんだな？

児童たち　うん、でも。

—ざわめき、くちぐちにつぶやく—

二瓶　父を超える漁師であることをやめたんだ。え？　村一番の漁師だった父を倒した巨大なクエを倒せば、ほんとうの一人前の漁師になれる。ところがモリを下ろすことによって、村一番の漁師であることは…うん？　わけがわからん。おい、後ばなしでさ、太一なんだって、このあと。その後の太一。

児童　村一番の漁師。

二瓶　「村一番の漁師であり続けた。」おっと、わけがわからん！　殺さなかった。でも父を超えることはできたの？

児童　父は一人前の漁師であって、村一番の漁師でしょ。だから、父も、父の父、太一のおじいさんがもし殺されたとしても、父も太一と同じように、殺さなかったと思うのね。父も同じ立場に立ったら、海のいのちを守るっていう、その心の方が強いから、一人前の漁師であって村一

解説

「ほんとうの一人前の漁師」とはどういうことだろう。太一は父を超えられたのか？　太一は父を超えることをやめたのか？わけがわからん、と言ってみる。

番の漁師に、父も同じ立場だったらなると思う。

児童　クエが動かなかったときに、クエは太一に考える時間というか、「瀬の主である私を殺したら、父を超えることはできないよ」とクエは太一に目で訴えたと思う。

二瓶　**と、太一は感じたんだな。へー。**

児童　沈黙の時間の時に、殺したら父を超えることはできないって、さっき言ってたけど。

二瓶　**ごめん、ちょっと待って。そうか、父は死んでいる。父は巨大なクエを倒そうとしてモリを刺した。でも太一はモリを打たなかった。殺さなかった。父はモリを刺した。結果として死んだ。そこから見えるじゃん！　太一は父を超えている。**

児童　え？

二瓶　**太一はモリを下ろした。殺さなかったじゃない。だけど父は太一よりもきっと未熟だったせいで実際にモリを刺した。結果として巨大すぎてロープが絡まって死んでいる。ということも含めて話してくれる？**

児童　父の方が確かに殺そうとした。漁師としては見方によるけど、勝ったと思う人もいるかもしれないけれど、太一は海のいのちを守ったということで父を超えていると思う。「大魚はこの海のいのちだと思えた。」と書いてあるでしょ。だから、海のいのち、この考えている時間、父は考えずに殺そうとした。だけど、太一はよく考えて、「この魚を殺したら、この海のいのちをとっているようなものだ」と思った。だからこの魚を殺しちゃいけないと思って、ちゃんと考えて。

二瓶　**ははあ。じゃあ、父ってだめじゃん。**

児童たち　えー、漁師だから。

二瓶　**だって、太一は瀬の主を殺さなかったじゃない。太一の方がよりやっぱり、しっかりとした考え方のできる漁師じゃない？　だって、父はモリを刺したんだぞ。太一は下ろしたんだぞ。ごめん、いまの二瓶ちゃんの読みについて、違うっていう人いる？　つまり、父がモリを刺した。だから太一よりも未熟だ、心も含めて。**

児童　私はまず、おとう、与吉じいさのところから違

解説

父は太一よりも未熟だ、父はだめじゃないか、と再度揺さぶりをかけてみる。

うような気が。

二瓶　**いまの父を超えたか、のところね。**

児童　与吉じいさは「千びきに一ぴき」と言っているでしょ、父はどちらかというと、海が自分たちにめぐんでくれると考えているでしょ。それはおとうが海に甘えていて、神様が…。

二瓶　**はー。ごめん、となると、やっぱり太一の方が父を超えた漁師だってことか？　じゃない、って人いる？　違うんじゃないかって人？**

児童　私は父の方が上だと思うのね。なんでかっていうと、太一も一応モリを突き出したでしょ。刺そうとはしていた。父も結果的には刺したけど、刺そうとしている時間があった。そのときの考え方の違いがあったと思う。まず父は、海のめぐみだから、ごめんねという、海のめぐみに対する自然な気持ち、感謝でモリを刺したと思うけど、太一は父を超えたい、殺したいという思いでモリを刺そうとしていたから、そういう意味では海のめぐみに感謝している父の方が上だと思う。

5　千びきの中の一つのいのちをいただく

二瓶　**ちょっといいかい。瀬の主、巨大なクエがいる。巨大なクエを太一は殺そうとしたよね。なぜ？　つまり、父を超えたいという思い、父の仇を討ちたいという思い。このとき、いのちをいただこうとしているか？　千びきの中の一つのいのちをいただこうとして、太一は巨大なクエを殺そうとしているか？　二瓶ちゃんの精一杯の読みなんだけど、太一にとって、このときの巨大なクエは千びきの中の一ぴき、一つのいのちをいただくためにモリを刺そうとはしていないじゃない。誰かが使った「欲」という言葉、仇を討ちたいという気持ち、父を超えたいという気持ち、この自分だけの願い、自分だけの欲で、巨大なクエのいのちをいただくとは言わないな。いただくというより**

児童たち　奪う。

二瓶　**いただくより奪うためにモリをつく。じゃあ、**

解説

太一は「千びきの中の一つのいのち」をいただこうとしているか？　と言う問いかけに、子どもたちの表情が変わる。いのちをいただくこと、いのちを奪うことの違いを改めて考えた。

父は？　父にとっての巨大なクエは？　いのちを奪うために父は刺したのか？　千びきの中の一ぴきのいのちをいただくためにモリを刺したんじゃない？　でも、結果として巨大すぎて、いのちを落としてしまった父がいる。
するとね、太一は父を超えたか、超えないかじゃなくて、結局は父と同じ、生き方の漁師を選んだんじゃない？　つまり、村一番の漁師だった父がいて、父は「海のめぐみだからな」って不漁の日でも、大漁の日でも、千びきの中の一ぴきのいのちをいただく、生き方をしている村一番の漁師だった父。その父の生き方を結果的に太一は巨大な瀬の主を殺さないことによって、選んだんじゃない？　だからこそ、その後、千びきの中の一ぴきのいのちをいただくという村一番の漁師であり続けることができた。そうなると、二瓶ちゃんは「超えた？　超えない？」と聞いたけれど、実は同じ生き方の漁師の道を太一は…

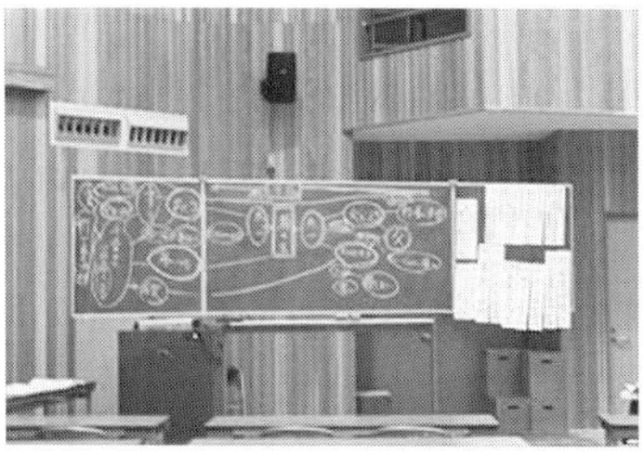

児童たち　選んだ。

二瓶　ええと、ものすごい時間になったけれど、もっと話したいことがある人？

―目力のこもった子どもたちの挙手―

二瓶　手を下ろしなさい。今日の授業は終わらなければいけないので、来週また教室でやりますから。このあと、何が待っているんだ？

児童たち　作品の心を受け取る。

二瓶　作品の心、なんか、新たなことが見えている人、いるかい？　つまり、初読の作品の心と何か違う読みができつつある人、まだはっきりしないけど。はっきりさせたい人、もっとはっきりさせたい！

―全員の挙手―

二瓶　わかりました。もう１時間、中心話題の続きをやりましょう。よろしいでしょうか？

児童たち　はい！

解説
予定の時間を大幅にオーバーしたが、子どもたちの「話したい！」思いは止まらない。もう1時間枠を取ることで、全員が納得し、公開授業を終えた。授業終了後も「どうしても聞いて」という子どもたちに囲まれた。

第13時 〈中心話題〉太一は、何故、瀬の主を殺さなかったのか（2）

1 本時の概要

前時（公開授業）での対話を受けて、私たちの「中心話題」「太一は、何故、瀬の主を殺さなかったのか。（モリを下ろした理由）」について話し合う。これまでの学びをもとに、自分の読みをまとめ直す。本時の対話メモ、さらに仲間との話し合いによって、自分の考えを再度見直し、「私の『作品の心』」のまとめに進む。

2 本時の学習目標

- 友達の考えに触れ、自分の考えを深く見直す。仲間と対話する面白さ、楽しさを実感する。さらに、物語の読みの最終段階である「私の『作品の心』」を受け取り、表現する活動へとつなげる。

導入～展開

1 前時を振り返る

二瓶 土曜日の講堂での授業、話題は何だった？

児童 太一はどうして瀬の主を殺さなかったのか。

二瓶 という中心話題で対話したね。対話メモを出して、もう一回自分の考えをまとめなさい。この間話したことを思い出しながら、最終的に、いま自分がどんなふうに思っているか、考えをまとめよう。

—１分間時間をとる—

二瓶 太一はクライマックス場面で巨大なクエを殺さなかった。それまでクエについて、太一はどのように捉えていたのか。何故殺そうとしたのか？　そこから対話を進めて行って、このように殺そうとした太一がこういう理由で殺さなかった。つまり、このように太一の巨大なクエに対する捉え方、思いが変わった、という流れでしたね。

何故、殺そうとしていた？　何故殺そうとした

解説

最終的にいまどんな考えを持っているか、対話メモを見なおし、まとめることで授業を始めた。

巨大なクエを、太一は。大きく二つで捉えたよな。

児童 尊敬していたお父さんを殺したクエが憎いからクエを殺したい、というのと、もう一つは、父を超えたいというか、クエを殺さないとほんとうの一人前の漁師にはなれないし、父も超えられないからクエを殺したいと思った。

二瓶 いま言った二つだろうね。一つは憎しみ、父を殺した仇として巨大なクエを捉えていた太一がいる。だから殺そうとした。二つ目は、父を超えるためには「ほんとうの一人前の漁師」って何場面に出てくる言葉だ？

児童 ⑧場面

二瓶 クライマックス場面に出てくる「ほんとうの一人前の漁師」になれない。このクエを倒さなければ。つまり、父を超えるために、ほんとうの一人前の漁師になるためには、父を倒した巨大なクエを倒さなければならない。という二つの思い。
父を超えるため。父を殺した巨大なクエに対する憎しみ。仇を討つため。大きく言えばこの二つの理由から、巨大なクエ・瀬の主を殺そうとしていた太一がいる。ところが太一は結果的にクライマックス場面でモリを下ろした。殺さなかったのは、太一が巨大なクエをどのように捉えるように変わったのだろう。これも大きく二つ出ていたよね。ペア対話してごらん。

―ペア対話―

2 「海のいのち」とは

二瓶 変容後の太一のメモ。二瓶ちゃんが書いた板書の中で二つの言葉が極めて重要だった。どちらも太一が実際に思ったり、話したりした、太一の言葉。一つはなんだ？　太一の言葉でいうと、巨大なクエをどのように捉えるようになった？

児童 「おとう」

二瓶 おとうと捉えるようになった、だから殺さなかったというのもある。もう一つあった。太一の言葉で言うと。会話文ではないけれど、言っ

解説
変容後の太一を捉えたときに、話題となった二つの言葉を思い起こさせて、対話をスタート。ただ、なんとなくの読みではなく、根拠をもって考えさせる。

てごらん。

児童たち　「海のいのち」

二瓶　**太一が、一つは憎しみの対象であり、父を超えるために倒さなければいけないとずっと思っていた巨大なクエを「おとう」と呼ぶ。もう一つは「海のいのち」だと思う。確かめようか、どうして瀬の主を「おとう」と思う太一がいるの？**

児童　太一が鼻づらにモリを突き出した時にも、全く動かないし、穏やかな目をしている感じというか、雰囲気というか、が父に似ていた。

児童　①場面に「二メートルもある大物をしとめても、父は自まんすることもなく言うのだった。『海のめぐみだからなあ。』」というところからも性格が似ているというか、何事にも動じなかったのがわかる。「不漁の日が十日続いても、父は何も変わらなかった。」⑧場面の鼻づらにモリを突き出しても動こうとはしないところも似ている。対になっている。父の死んだ瀬、父の海にもいのちはあるでしょ？　たぶん、太一は、瀬の主がいなくなったら、父の海は無くなっちゃうと感じている。

二瓶　**付け足して。**

児童　瀬の主は、太一に殺されそうになって、本当なら逃げないと殺されちゃうけれど、瀬の主は全く動かなかった。父も「不漁の日が十日続いても、父は何も変わらなかった。」「二メートルの大物をしとめても自まんしなかった」そういう動じないところが、クエと父が似ていて、父みたいと思って「おとう」と呼んだのではないか。

二瓶　**付け足して言いたい人。与吉じいさが出てこないな。確か黒板に与吉じいさも出たよね。おとうと呼んだところに、与吉じいさもつなげて、冒頭の一文まで書いた覚えない？「父もその父も、」そのあたりで、何故、おとうと言える人いるかい？**

児童　私は、瀬の主のクエの目がおとうと与吉じいさに似ていたからだと思います。なんでかと言うと、目の色が②場面と⑧場面で変わっているでしょ。だから、それはおとうと与吉じいさが海に帰って、クエになって見守っているからだと思う。その目がおとうと与吉じいさに似ていた

One Point
子どもの言葉をさえぎらず、付け足して話を続けさせていく。

からというのと、おとうが自分の海を太一に渡すっていうことだから。

児童　④場面で「父がそうであったように、与吉じいさも海に帰っていったのだ。」とあって、海に帰っていったから、その海のいのちとなって、また太一の前に現れたんじゃないかな、と思いました。

二瓶　太一は、あそこで変わった。モリを下ろした、何故殺さなかったのかという時に、しっかり押さえないといけないのは、それまでの太一が巨大なクエをどのように捉えていたか。そして、モリを下ろし、殺さなかった太一は、巨大なクエをどのように捉えるようになったのか、ということだよね。絶対に押さえなければいけない。いま言ったように、「おとう」と捉えた、もう一つ「海のいのち」だと思ったとある。なんだ？　巨大なクエが海のいのちって。一切説明されていない。太一の思いが。なんだろう、海のいのちって。実はこれがこの物語の題名でもあるよね。海のいのちってもう一つ出てくる。どこに出てくる？　題名と。

児童　⑨場面。

二瓶　⑨場面に出てくるんだな。題名と、クライマックス場面と後ばなし、3カ所に出てくるんだな。巨大なクエが海のいのちって、どういうことだ？　ということをちょっと対話してみよう。3分間でペア対話してごらん。

―ペア対話短く―

二瓶　何故、太一は巨大なクエを海のいのちだと思えた？　父の仇、憎しみの対象、この魚をとらなければ、ほんとうの一人前の漁師になれない、父を超えられない、そういう存在だった巨大なクエ・瀬の主を「おとう」と呼び「海のいのち」だと思える太一がいる。何故、瀬の主を「海のいのち」だと思えたのだろう。

OnePoint
ペア対話を終えて全体対話に入る際に、もう一度「いま何を話し合うのか」を提示する。ただ流すのではなく、時折立ち止まり、いま何をしているのかを確認させつつ授業を進めていく。

児童　太一のおとうや与吉じいさは、海へ帰っていった。その前の太古の人たちもここに住んでいたわけだから、その人たちも海へ帰っていったところで、そのいのちが集まったところ。いのちの大切さをわかって、「海のいのち」。

児童　クエは父の海の守り主で、②場面で瀬の主は「光る緑色の目をした」とあって、緑色の目というのは、たぶん怒っている。怒っているのは父が「海のめぐみだからな」って、魚を獲りすぎちゃったせいだと思うの。もしも、瀬の主が父をそういうふうに怒らなかったら、父はどんどんいのちを奪っていたと思うの。だから、海のいのち、いのちっていうのは一番大切でしょ？　だから、瀬の主がこの海の一番大切な存在なんじゃないかな。

児童　私は、「海のいのち」って海のサイクルだと思っていて、この文章に、父が海に帰っていったとか、じいさが海に帰っていったとかあるでしょ。海に帰るっていうのは、海で生きてきた人は海に帰って、それでまた生まれ変わって、また海で生きることができる。だから、千びきに一ぴきしかとらなかったのは、千びきに十ぴきとかとっちゃうと、いのちが少なくなっていく。それでサイクルが壊れちゃうと、海で生きられなくなるし、海に帰れなくなるから。「千びきに一ぴきでいいんだ」というのと、瀬の主はサイクルの一番真ん中っていうか、だから、瀬の主がこの海のいのちだと思えたと書いてあるでしょ。だから、瀬の主は、サイクルのいちばん真ん中にいて、海に帰っていく人とか海で生まれるものたちをちゃんと見ているのかな、と思う。

二瓶　**いい言葉だな。いのちのサイクル、ってわかるね。**

児童　さっき誰かが海のいのちって大切な存在って言って、瀬の主も大切な存在だと思うんだけど、瀬の主が居なかったら、太一はもちろん、瀬の主に挑もうという気もなかったと思うし、父を超えようという気持ちもできなかったと思うし、漁師にはなったかもしれないけれど、村一番の漁師になろうという気持ちもわかなかったと思う。だから、瀬の主がいないと、太一の成長もなかったと思うの。だから瀬の主が居なかったら、太一は普通に一人前の漁師として一生涯を送っていたかもしれないから、海のいのちっていう大切な存在は、瀬の主につながるんじゃないかと思いました。

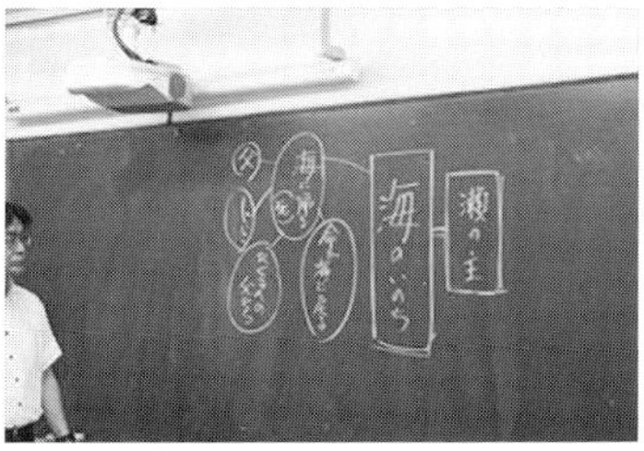

二瓶　**瀬の主がいたから太一の成長があった、ということか。いろいろ太一も悩み続けながら、変わりつつも…。わかる。**

児童　海のいのちっていうのはさ、海に生きている魚全部海のいのちじゃない？だけど、太一は⑦場面で「アワビもサザエもウニもたくさんいた。はげしい潮の流れに守られるようにして生きている二十キロぐらいのクエも見かけた。だが太一は興味を持てなかった。」これもみんな海のいのちじゃない？　だけど、瀬の主にあって、はじめて太一は、瀬の主のことを「海のいのち」って呼ぶでしょ。太一にとって、もぐり漁師になるってことは、瀬の主に会いに行くということだと思うのね。瀬の主に特別な思いがあるからこそもぐったと思うから、会ってみて、自分の思っていた瀬の主と実際の瀬の主の目とかは全く違うものだったから。この魚は父の海のすべてを見ていると感じたから、海のいのちと言ったのだと思います。

二瓶　**父は巨大なクエにモリを刺した。でも、太一はモリを刺さなかった。「おとう」と呼び「海のいのち」だと思うことによって。だけど、父は実際にモリを刺している。太一はモリを刺さなかった、殺さなかったことによって、父を超えたな、と思う人。**

―数人が挙手―

二瓶　**後の人は？**

児童たち　どちらとも言えない。

二瓶　**結局、父と同じような漁師の生き方を最後選んだんじゃないか、ということか、父を超えたというよりは。**

児童　父と別の道を選んだ。

児童　超えた、超えないという話ではない。

児童　だから、選んだ道が違う。父の道は遠慮しつつ、海のいのちをうばうじゃなくて、いただく。

二瓶　**じいさは？　与吉じいさの生き方は？**

児童　似てると思うんですけど、ちょっと違うよね。

二瓶　**で、太一の選んだのは？**

児童　太一が選んだ生き方は、千びきに一ぴきでいい、

解説

父を超えたか、超えないかと考えてきたが、超えた・超えないという次元の話ではない。子どもらしい「引き分け」という表現も大事にしつつ対話を行う。

という。だから似てるけど、どっか違うような。

二瓶　この間の研究会のあと、先生方で話し合いをした。父がモリを打ったでしょ？　②場面で、父がモリを打って、結果的に殺されてしまった。Hくんと一緒で、父はまだ本当の意味での一人前の漁師の生き方はまだできていない、という先生方もいた。でも、太一は殺さなかった。だから、太一は父を超えた、と言う先生方もいた。いまの先生方と同じ考え、賛成の人？　自分は違うという人。

―どちらもパラパラと手が上がる―

二瓶　それをしっかり書きなさい。最終的な解説文で、いいね。で、ここに戻す。太一は、瀬の主を海のいのちと捉えた。これでいいか？　もうつなげる言葉はないか？　一つは大切な存在である。だから「海のいのち」と捉えた。海に生きた父もじいさも、たくさんの父たちも死ぬと海に帰る。でも、海に帰ってまた次に、次の人が、次のいのちがまた生まれる。どんどんどんどん、海に生きる人たちのいのちのサイクルがある。だからこそ、海で生きる人たちのいのちのサイクル、いのちのつながりを感じた太一が、「おとう」というのもそこにつながってくるのかな？　だからこそ、「海のいのち」と思った。うーん、なんかはっきりしないな。何か言葉が足りないのかな。Sくん、なんだい？

児童（S）　いのちのサイクルということに付け足しなんだけど、いのちのサイクルの中心は、さっき言ってたみたいに、僕も瀬の主だと思うわけ。

二瓶　中心ってどういうことよ。

児童（S）　海を動かしているというか、回転の中心。海でそういうのはないけれど、いのちの中心だと思ったわけ。で、そこに、人間は生きさせてもらっている。だから、父とかじいさとかは、いのちのサイクルの中の一部であって、トップじゃないから、その瀬の主というのは、自分たちにとってなくてはならないものだったんだけど、父はそれがわからないというか、よく考えていなかったと思うの。だけど太一は、父が死

One Point

賛成・反対は、どちらでもいい。ただし、どうして自分は賛成なのか、反対なのかの理由をしっかりと持つことが大切だということを、繰り返し教えていく。

んだことで、自分が見えている世界が結構広がったと思うの。それで、自分がどこで生きているのか、というのもわかったから、瀬の主を殺さなかったんじゃないかな、と思いました。

二瓶　**なるほど。何を言いたい？**

児童　いまＳくんが、中心って言ったけど、中心ってことは、海のいのちは海を守る役目をもたないといけないと思う。もし海を守る役目の、瀬の主、海のいのちの中心がいなくなってしまったら、海が壊れてなくなってしまう。いままで、いのちのサイクルみたいな感じで、たくさんの人たちが生きてきた海っていうのは、生きられなくなっちゃうということに太一は気づいたから…。

二瓶　**いのちのサイクルを壊すことなんだ。巨大なクエを殺すことは。**

児童　付け足し。与吉じいさにも関係するんですけど、太一は与吉じいさに習った。教えてもらった。その中に、千びきに一ぴきだけ取る、っていうことがあった。クエはいっぱいいるけど、父を殺した瀬の主は一ぴきしかいない。つまり、その一ぴきがいなくなると、瀬の主はいなくなる。すなわち海のいのちがなくなってしまう。つまり、与吉じいさは、その信念というか、心の中には、海のいのちは絶対に壊してはいけない、殺してはいけない、だったと思うの。つまり太一は、その教えがピンときて「まずい、このままでは殺してしまいそうだ」と思って。それを父と思わないと、殺してしまう。心をセーブするため。「海のいのちなんだ」と思っても、自分の心を抑えられない、どうしても「これが父だ」と思わないと、悔しみとか、太一は気持ちを抑えられないと思うの。

二瓶　**太一の気持ちを表している言葉があるでしょ。**

児童たち　「こう思うことによって」

二瓶　**こう思うことによって、殺さないですんだ、とあるよね。**

児童　一番あこがれていた「父さん」と思わないと、瀬の主を殺してしまいそうだった。それほど憎しみが強かった。

二瓶　**憎しみと超えたいという気持ちがね。まだ足り**

解説

「太一の気持ちを表している言葉」を本文に立ち戻って確認させた。繰り返し幾度も本文に戻り、詳しく読むことの大切さを教えていきたい。

ないような気がするんだけれど、瀬の主は「いのちのサイクル」、たくさんのいのちがある「海の中の中心」だと言った。だからこそ「海のいのち」と言っている。瀬の主はとても大切な、たくさんのいのちがある、海に生きる人のいのちのつながり、いのちのサイクルを守っている、中心だからこそ、海のいのちだ。別の言葉で言っている人、いないか？　海のたくさんのいのちの中心である。中心以外の言葉で表現している人、いない？

児童　いのちの主。

二瓶　ああー、瀬の主と言うのはそういうことなんだろうな。なるほど。「象徴」という言葉を知らないか？　瀬の主は、たくさんのいのちのつながり、いのちのサイクル、象徴である。こいつを殺すことは海を殺すことだし、海のいのちのサイクルを殺すこと。つまり、巨大なクエは海のいのちの象徴であるという捉え方。
何故瀬の主を海のいのちだと思ったんだろう、という時に気づいている人もいるかもしれないけれど、二瓶ちゃんなりの読みを言うとね。瀬の主は何故瀬の主として、あの瀬で生きられる？　ものすごく巨大な体のあのクエが、何故あそこで生きられる？　誰かが餌をやっているわけではない。実は、たくさんたくさんのいのちがあるから。そのいのちをいただいて生きていない？

児童たち　ああ。そうか。

二瓶　食物連鎖ってあるでしょ？　巨大なクエが生きるためには、ものすごくたくさんのいのちをいただかない限り、巨大なクエは生きられない。穏やかに生きられない。穏やかな目で、あそこに動じぬ心のように巨大なクエがいるというのは、満ち溢れるたくさんのたくさんのいのちがない限り、あの巨大なクエが瀬の主としてあそこでは生きていかれない。あの巨大なクエが生きているということはまさしく、たくさんたくさんのいのちの象徴なんだ。その巨大なクエを殺すことによって、その海のいのちそのものを壊すことになる。いのちのつながり、いのちのサイクル、たくさんたくさんのいのち、そのも

解説
重要話題に始まり、中心話題でとことん話し合った子どもたち。この後、自らと向き合い、最終的な「私の『作品の心』」を表わす学びに入る。

のを壊すことになってしまう。だから太一は、モリを下ろした。そして、海のいのちだと思えた太一がいる。これは二瓶ちゃんの読みね。

これで対話を終わりにします。この後、作品の心をまとめましょう。

子どものノート

中心話題：心内対話の対話メモと自分の考え

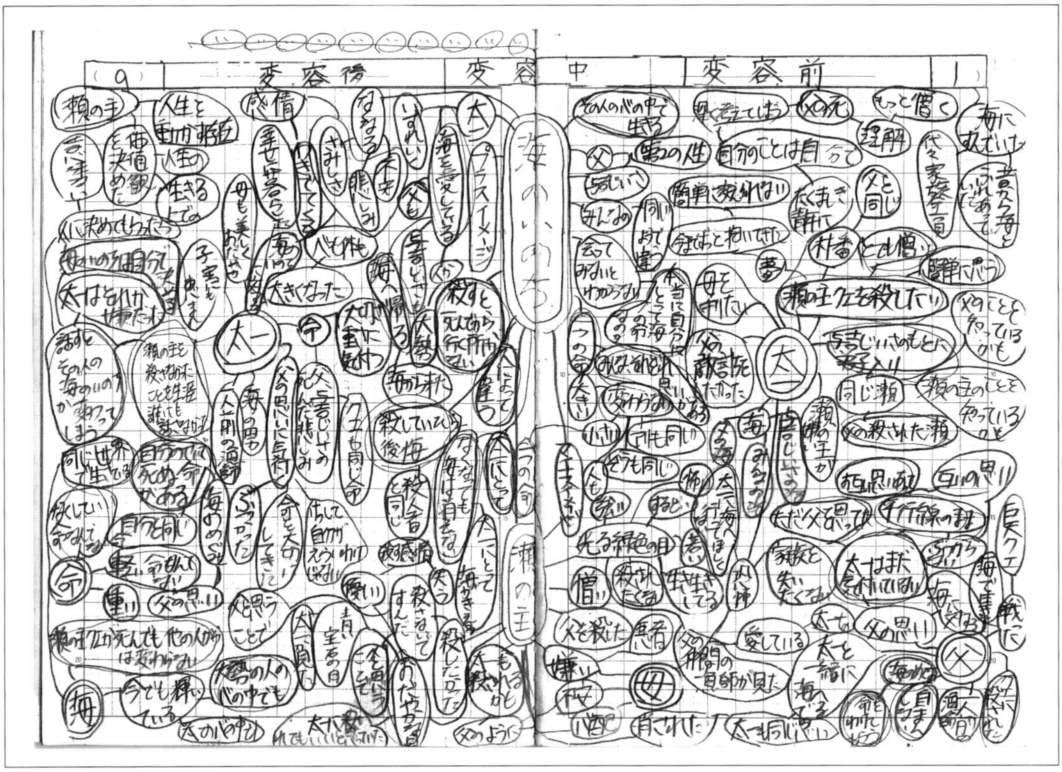

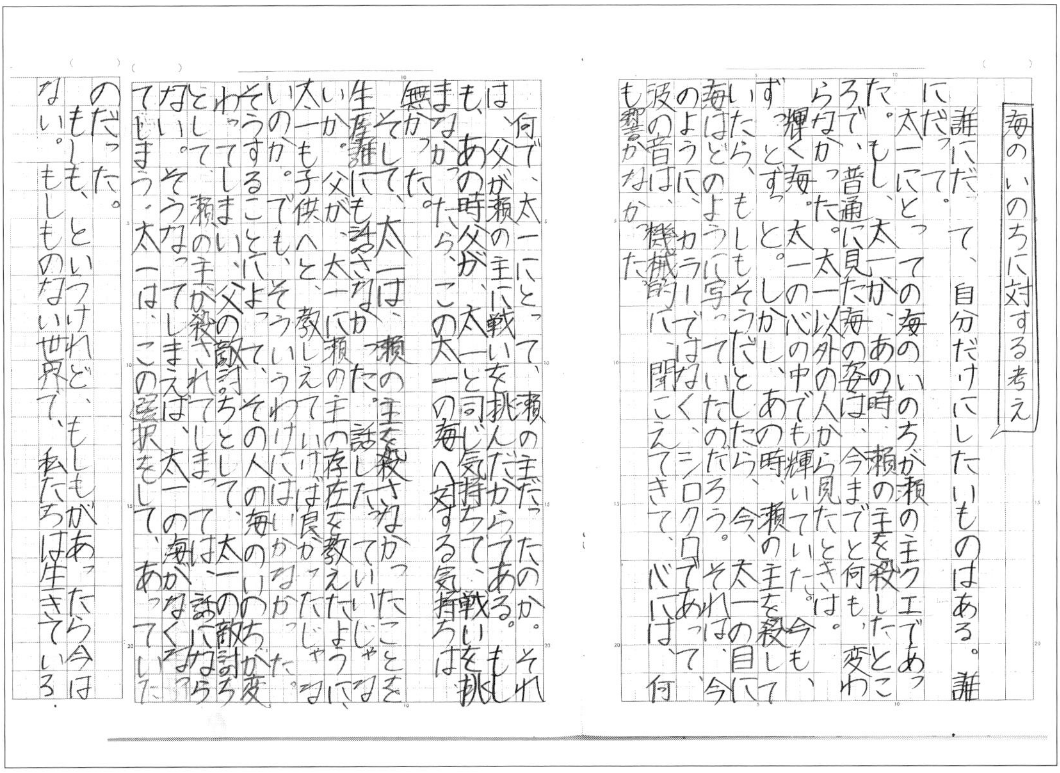

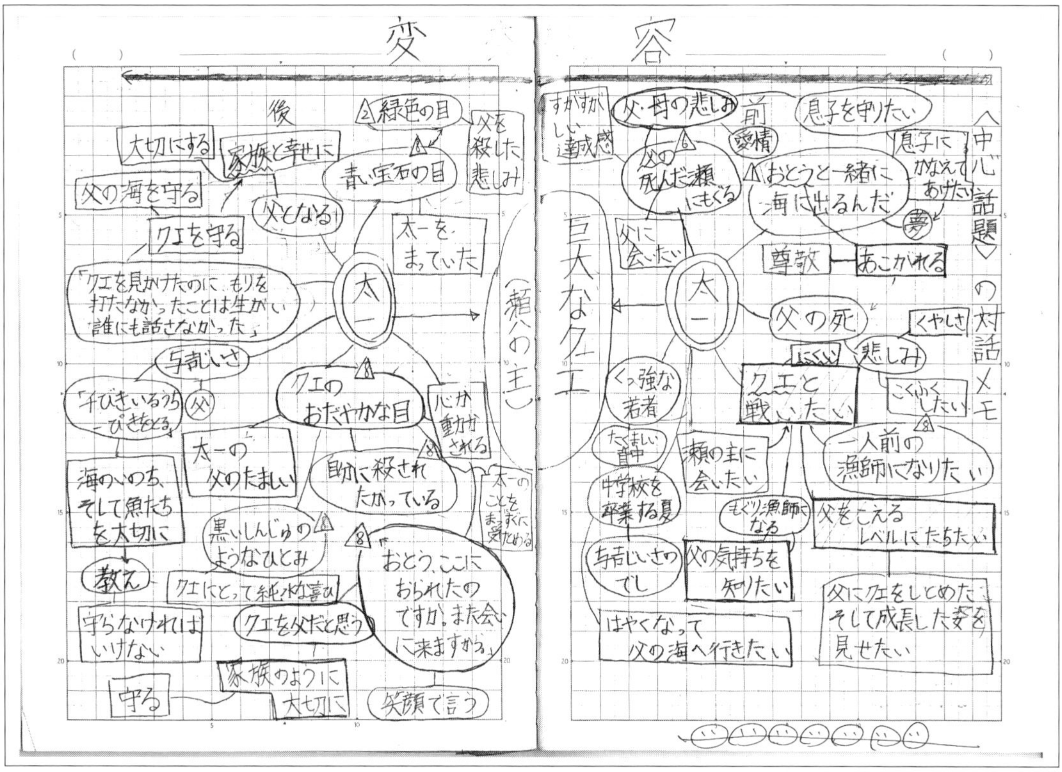
変　容
後
前
〈中心話題〉の対話メモ
太一
緑色の目
父を殺した悲しみ
大切にする
家族と幸せに
父の海を守る
父となる
青い宝石の目
クエを守る
太一をまっていた
「クエを見かけたのに、もりを打たなかったことは生がい誰にも話さなかった」
与吉じいさ
クエのおだやかな目
心が動かされる
太一の父のたましい
自分に殺されたがっている
海のいのち、そして魚たちを大切に
黒いしんじゅのようなひとみ
教え
クエにとって純粋な喜び
「おとう、ここにおられたのですか。また会いに来ますから。」
守らなければいけない
クエを父だと思う
守る
家族のように大切に
笑顔で言う
すがすがしい達成感
父・母の悲しみ
愛情
息子を守りたい
父の死んだ瀬にもぐる
おとうと一緒に海に出るんだ
息子にかなえてあげたい
夢
巨大なクエ
瀬の主
父に会いたい
尊敬
あこがれる
父の死
くやしさ
悲しみ
にくい
クエと戦いたい
こくふくしたい
くっ強な若者
たくましい背中
瀬の主に会いたい
一人前の漁師になりたい
中学校を卒業する夏
もぐり漁師になる
父をこえるレベルにたちたい
与吉じいさの弟子
父の気持ちを知りたい
父にクエをしとめた、そして成長した姿を見せたい
はやくなって父の海へ行きたい

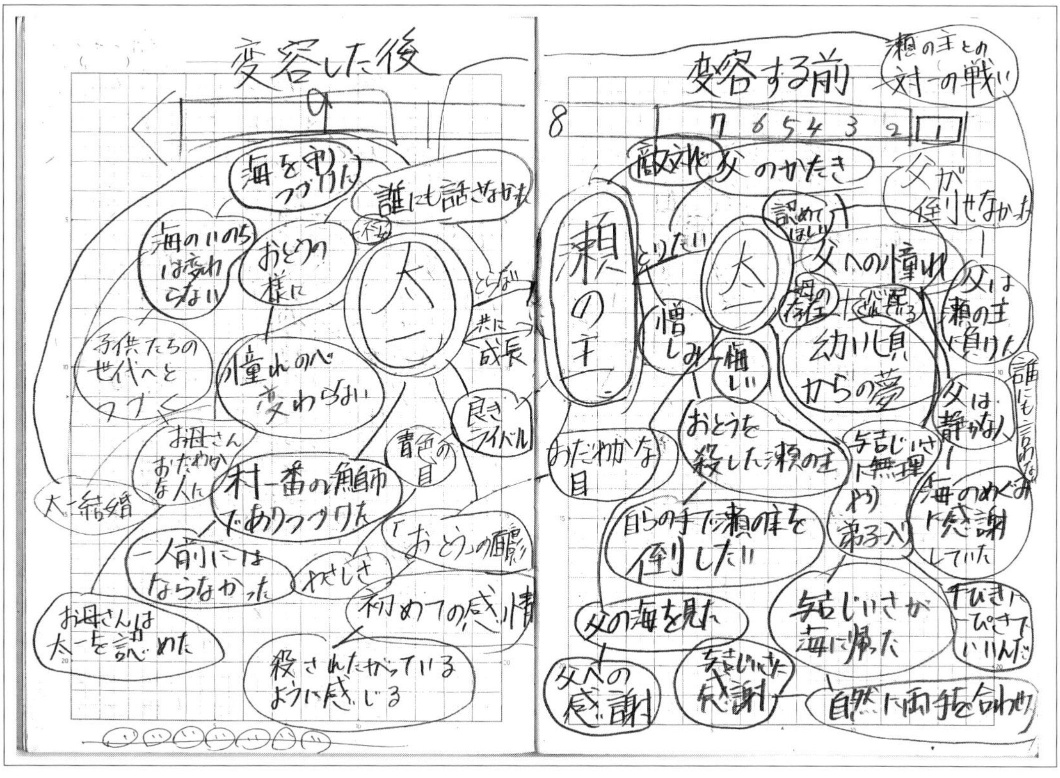
変容した後
変容する前
瀬の主との対一の戦い
海を守りつづけた
誰にも話さなかった
敵対
父のかたき
父が倒せなかった
海のいのちは変わらない
おとうの様に
太一
瀬の主
認めてほしい
父への憧れ
父は瀬の主に負けた
子供たちの世代へとつづく
憧れの父へ変わらない
成長
良きライバル
憎しみ
幼い頃からの夢
父は静かな人
お母さんおだやかな人に
村一番の漁師であり続けた
青色の目
おだやかな目
おとうを殺した瀬の主
与吉じいさに無理やり弟子入り
海のめぐみに感謝していた
太一結婚
一人前にはならなかった
やさしさ
「おとう」の影
自らの手で瀬の主を倒したい
初めての感情
お母さんは太一を認めた
殺されたがっているように感じる
父の海を見た
与吉じいさが海に帰った
千びきに一ぴきでいいんだ
父への感謝
与吉じいさへ感謝
自然に両手を合わせた

第14時 自分の「作品の心」を短く表現し、解説文としてまとめる

1 本時の概要

ここまで、重要話題を読み、その読みから中心話題についても読みを深めてきた。本時では、いよいよ「作品の心＝物語が読者である自分に最も強く語りかけてきたこと」を短く表現し、自分の「作品の心」を他者に伝えるための解説文（説得の文章）として書きまとめる。

2 本時の学習目標

- ここまで、中心話題「太一は、何故、瀬の主を殺さなかったか」という中心話題にせまるために、重要話題を設定し、対話によって読みを深めてきた。また、「三つの大きな問い」を手立てとし、太一の変容を読み取ってきた。初読の「作品の心」から、その子なりのたしかな感想に変容しているはずである。

子どものノート

●読みを整理する表

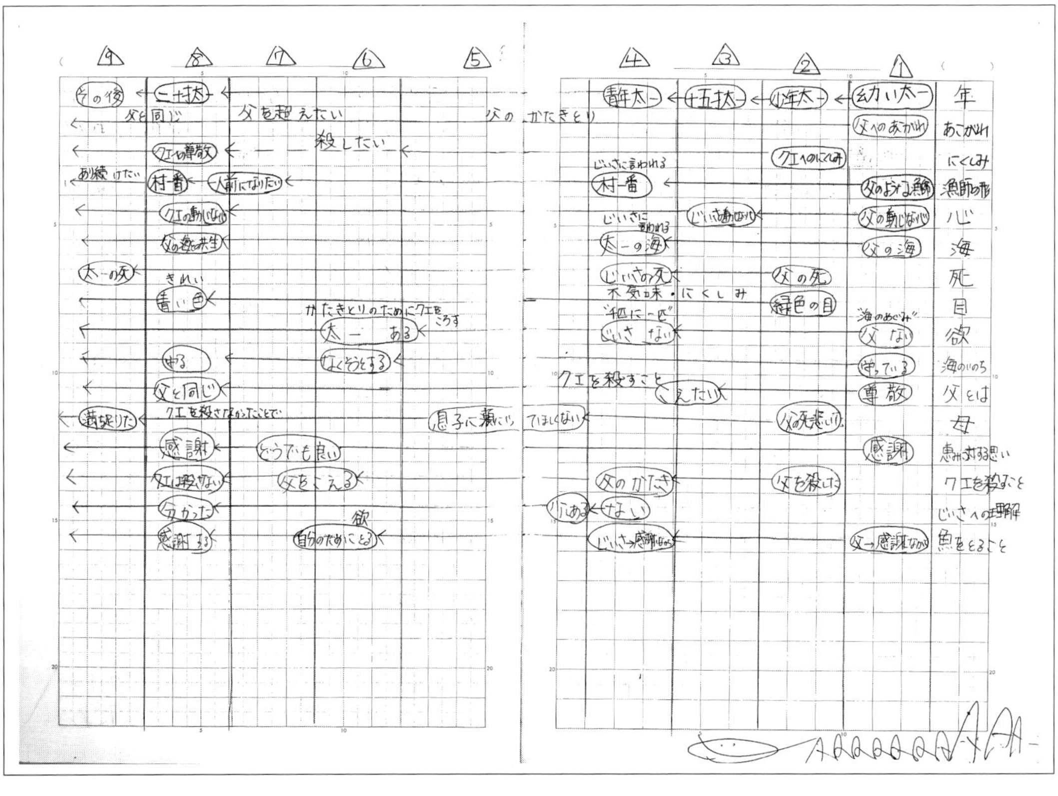

●作品の心と解説文

「海のいのち」立松　和平

初読の「作品の心」

・人生は、命があるからこそあるものだ。

〈解説文〉

太一の父は死んでしまった。きょ大なクエをたくさんつかまえて殺し、そしてクエの命をうばっていた。だから父の人生はなくなったのだろう。

太一は、村一番の漁師になるために、一生けん命海へ行って魚をとっていた。与吉じいさの「千びきに一ぴきでいい」という言葉を支えに何年も何年も海に行った。その時の太一は、ただ魚をとることに夢中になっていたにちがいない。

きょ大なクエはなぜ太一の父を殺したのか。その問いはとても深い意味があると思う。クエにとって太一の父は天敵であり、クエの仲間たちがたくさん殺されてしまうことにとても悲しみを感じていた。そして、そんな大切な命をうばっても、自分のため、とったことの喜びであふれる太一の父にとても怒りを感じていたにちがいない。太一の父は、クエの気持ちなど考えず、仕事のために、そして自分の利益のためにもぐり漁師になり、うれしそうにしていた。だから、太一の父にクエからの天ばつが下ったのだと思う。

太一は、クライマックス場面で大きな岩のようなクエを見つけた。最初は自分の父を殺したクエだと思い、にくしみを感じていただろう。しかし、太一はクエの気持ちを考え、自分に殺されるクエのつらさを感じたのだ。だから、太一はクエを海のいのちだと考え、とらなかったのだ。そしてクエもつかまえない太一の笑顔に感じたのだろう。

太一は、このきょ大なクエをつかまえたかったという気持ちもあっただろう。しかし、クエの命を海のいのちを大切に考えたのだ。だから、太一は殺されずにすんだのだと思う。

人生というものは、相手の命があり、そして自分の命があるからこそあるものなのだ。

good ; good

「海のいのち」立松　和平

二回目の「作品の心」

・海のいのちを守りながら、共に生きていくことが大切である。

〈解説文〉

太一の父は死んでしまった。太一は父と一緒に漁に出ることを夢見ていた。しかし、瀬の主クエと戦って命をおとしたのだ。太一は、海でとれた魚をいつも海のめぐみだと感謝している父にあこがれていたのだろう。

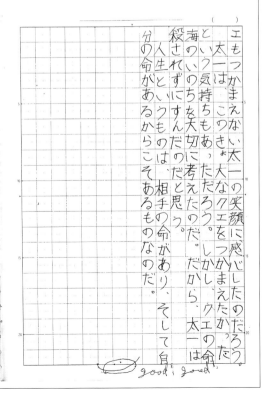

太一は、与吉じいさのでしになり、村一番の漁師になった。与吉じいさは「千びきに一ぴきでいい」という言葉通り、二十匹とると漁を終えた。魚をたくさんとる必要はない。必要なだけ少しずつとれば魚も減らず、海のめぐみを大切にしなが

子どものノート

海のいのち　最終の作品の心

★作品の心
自分の決めた道を進んで行け。

★解説文
父もその父も、その先ずっと顔も知らない父親たちが住んでいた海が、太一は大好きだった。父と同じもぐり漁師になることこそが太一の夢だった。父の背中を見て、そう思ったのだ。
ある日、その父が「海のめぐみだからなあ」といいながら瀬の主を殺そうとした。人間としての欲があらわれたのだろう。すると戦いになり、父が死んでしまった。父が死んだとわかった時、太一は瀬の主を憎しみ続けただろう。太一が大好きだった、尊敬していた父を瀬の主が奪っていった。太一は先がまっ暗になった。先をともしてくれていた灯りが急に消えたのが辛かった。だからこそ太一は、父へのプレゼントとしても瀬の主にかたきを打ちたいという自分の思いのためにも、与吉じいさの弟子になった。
弟子になってすぐは、決してつり糸さえも握らせてはもらえなかった。しかし、「千匹に一匹でいいんだ」という素晴らしい言葉を教えてもらった。でも太一はその素晴らしさに気づくことが出来なかっただろう。
そしてついに、与吉じいさに「村一番の漁師」と言ってもらったとき、その言葉を待っていたわけではないが、今こそ父の場所へ行くべきだという決心が出来たのだろう。

太一が待ちに待っていた瞬間は突然に訪れた。何の予兆があるわけでもなく、青い宝石の目が見えた。瀬の主だった。しかし追い求め続けてきたものを目の前にした太一は、興奮したとは思うかさわぐことも大声を出すこともしなかった。逃がしたくない、ただそれだけの思いだった。だからずっと冷静でいた。
そしてかたきを打ちたいためにもりを突き出してみた。しかし瀬の主は何もせず、動きもしなかった。そんな二人の沈黙の時間の中で、瀬の主が何かを語りかけているのだと、太一は思った。
瀬の主はこの瀬の中心であり、この瀬をまとめている存在である。そんな瀬の主を殺してしまったら、代々住んできた父親たちの大好きだった瀬ではなくなってしまう。父だって大好きなものなのに。自分の中でかっとうしたのだろう。そして決めた、海を守ることに、海のいのちをつなぐことに。

父の決めた道は、感謝をしながらも漁師としての生き様を忘れずに生きる道だ。
太一の決めた道は、自分のことを後回しにして海のいのちを大切にする優しく生きる道だ。
私はどちらの生き方も同じように素晴らしいものだと思って受け止めた。そして、あの子がこうしているから私もそうする。そんな生き方をしないで自分の個性を大切に生きていきたい。

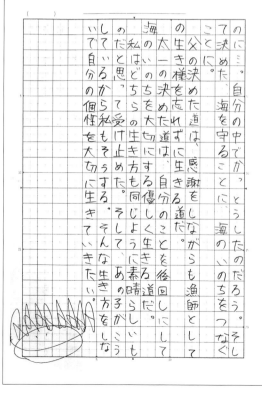

「海のいのち」　立松　和平

◎作品の心　愛するもので人はできる

（解説文）

あなたは、何でできていますか？といい質問に何と答えるか。私なら、愛するものでできている。と答えるだろう。その愛は、受けてとるのもあり、私たちが、放つものでもあるのである。

太一も、「おとう」も与吉じいさも、絶対に海を愛していたのだ。太一は、昔から、生まれたときから海と共に生きてきた。だから、太一にとって海はかけがえのない存在だった。そして、瀬の主クエもかけがえのない存在だった。太一の海を、気付くことに。

太一も、いずれは海へと帰っていくのだろう。としか、太一は思っていなかった。その理由は、わかっていなくても、太一の本能がそう感じていたのだろう。でも、その時には、父も与吉じいさもそうだったように、太一も海で生きていくことを心に決めていた。

瀬の主クエは、父を殺した悪者だ。そう太一は思っていた。でも、父はそう思っていなかった。父に殺されたのは、クエは父の攻げきた反抗しただけであった。それなのに、瀬の主クエを殺そうとするのは、あまりにも理不尽なことに気付いたのである。ただ、父と戦ったクエと一つだけ違うことがあった。それは、目だ。自分に殺されてもいいと思っているクエを、殺しても、父を越えることはできないだろう。太一の愛する父は　喜ぶどころか悲しむであろう。

愛しているものは、自分を成長させてくれる。そして、愛されるものは、もっと自分を成長させてくれるのである。父は、太一の心を伸ばしてくれた。そして「海のいのち」にも気付かせてくれた。

父の思いに、あのとき、瀬の主クエに出会ったとき、太一は気付いた。その思いは、こうだ。「この世に、いらない命などない。そして、この世にたった一つの命なのだから、大切にしなさい。」

「この大切に」には二つ意味があった。一つは、自分を愛するものは大切にしなさい。そしてもう一つは、いらない者は、いらなくても愛する心は常に忘れずに。この思いに気付いたからこそ、太一は、瀬の主クエを殺さずにすんだのだ。もし殺していたら、一生後悔をして　海のいのちを見つけていたかったかもしれない。

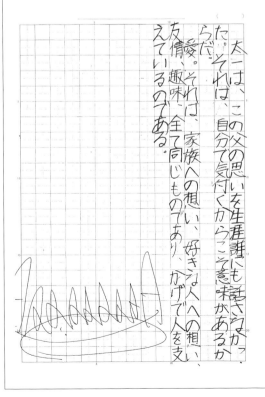

太一は、この父の思いを生涯誰にも話さなかった。それは、自分で気付くからこそ意味があるからだ。

愛。それは、家族への想い、好きな人への想い、友情、趣味、全て同じものであり、かげで人を支えているのである。

子どものノート

◎「海のいのち」作品の心

☆命を失っても、心はずっと生き続ける。

〈解説文〉

おとうはただ「死んだ」わけじゃない。「海に帰っていった」のだ。そして、この海の中でずっと自分のことを見守っていたのだ。太一は巨大なクエを見つめながら、そう思った。太一の心の中にあった「巨大なクエへの憎しみ」や「このクエを殺すことは、村一番の漁師になることだ」という思いがふいにどこかへ消えた。銀のあぶくとなって。

なぜ、太一はあんなにも、「巨大なクエ」を憎んでいたのだろうか。答えは簡単だ。父のかたきをうつため。そして、村一番の漁師になるため。

もうすでに、太一は村一番の漁師だった。しかし、それは「他人から見て」なのである。他人がどんなに「太一はすごい」「村一番の漁師だ」と言っても、太一は納得しなかった。彼にとっての村一番の漁師とは、「父を越えること」だったからだ。そのためには、「巨大なクエ」を殺さなければいけない、太一はそう思っていたのだ。

しかし、それは太一の「欲望」であり、それでは「海のいのち」を守ることができない。そのことに太一は気付いていなかった。でも、そんな太一に気付いた"海の男"がいた。それが、与吉じいさだった。

与吉じいさは太一にこんな言葉をかけた。「千びきに一ぴきでいいんだ。千びきいるうち一ぴきをつれば、ずっとこの海で生きていけるよ。」まだその時は、その言葉の意味をよく分かっていなかった太一だが、大切なことを教わったのだということは、はっきりと分かった。

ではなぜ、与吉じいさははっきりと「父のかたきをうつのをやめなさい。」と言わなかったのだろうか。それは、太一に自分で答えを見つけて、本当の"海の男"になってほしかったからだろう。

与吉じいさが死んだ日のことが書いてある四場面に、こんな言葉がある。「父がそうであったように、与吉じいさも海に帰っていったのだ。」おとうは死んで、海に帰ったのである。なぜか？それは、おとうが"海の男"であったからである。では、おとうは海に帰った後、ずっとどこにいたのだろうか？

それは始めに書いた、「海の中」である。海の中でずっと太一を見守っていた。そして、太一と"会える"のをずっと待っていたのだ。あの「巨大なクエ」となって。

その「巨大なクエ」の中に生きている心は、「おとうの心だけなのだろうか。いや、ちがう。「巨大なクエ」の中には、数えきれないほどの心が生きている。なぜなら、「巨大なクエ」はたくさんの魚を食べて生きているからだ。その魚たちの心が、「巨大なクエ」の中で生きているのだ。

海の中で「巨大なクエ」と出会った太一は、最初はクエを殺そうとする。しかし、その時に与吉じいさのあの言葉が頭をよぎった。「千びきに一ぴきでいいんだ。」そうか、このクエを自分の「欲望」というだけで殺してはいけないのだ。太一はそう思った。その時、太一はおとうの声を聞いた

↓次ページに続く

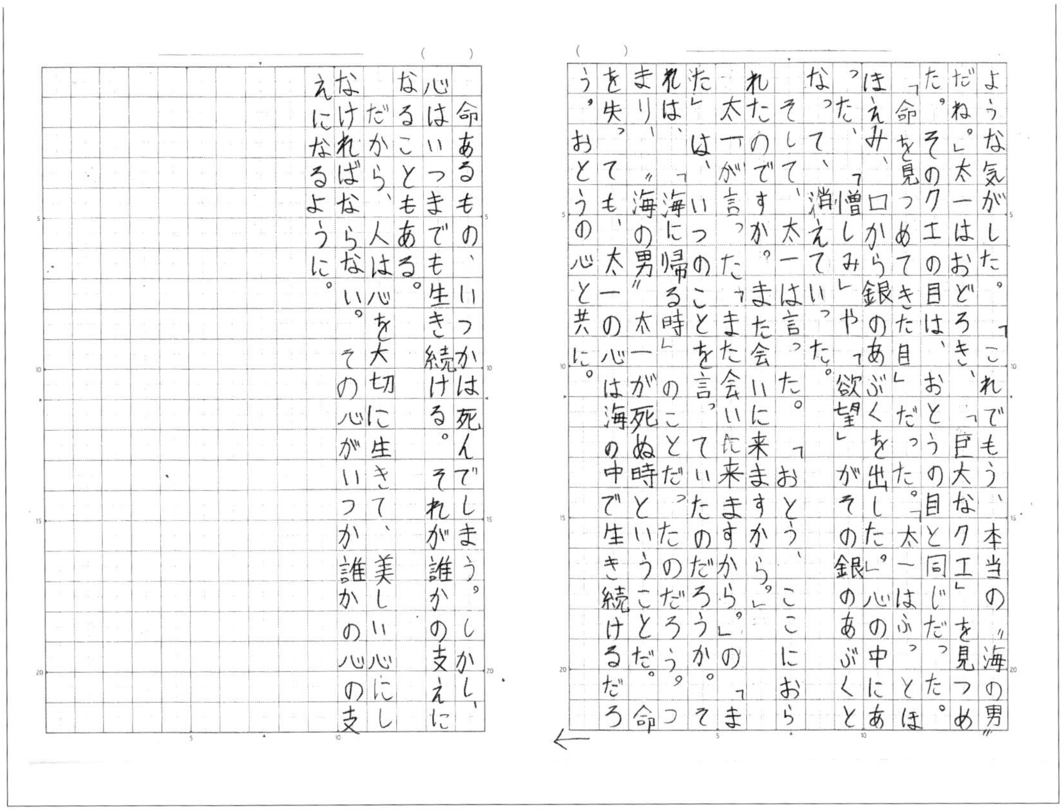
ような気がした。「これでもう、本当の"海の男"だね。」太一はおどろき、「巨大なクエ」を見つめた。そのクエの目は、おとうの目と同じだった。「命を見つめてきた目」だった。「太一はふっとほほえみ、口から銀のあぶくを出した」心の中にあった、「憎しみ」や「欲望」がその銀のあぶくとなって、消えていった。
そして、太一は言った。「おとう、ここにおられたのですか。また会いに来ますから。」「ま
太一が言った「また会いに来ますから。」の
た」は、いつのことを言っていたのだろうか。それは、「海に帰る時」のことだったのだろう。つまり、"海の男"太一が死ぬ時ということだ。命を失っても、太一の心は海の中で生き続けるだろう。おとうの心と共に。

命あるもの、いつかは死んでしまう。しかし、心はいつまでも生き続ける。それが誰かの支えになることもある。
だから、人は心を大切に生きて、美しい心にしなければならない。その心がいつか誰かの心の支えになるように。

第15・16時 「作品の星座―作品の心編」の作成
―これまでの読みをまとめる―

1 本時の概要

第5・6時に作成した「作品の星座―客観編」の画用紙の裏に、「作品の心編」としてまとめる。本単元の学びを振り返りながら、「海のいのち」の自らの読みのすべてをまとめる。

2 本時の学習目標

- 「作品の心＝物語が、読者である自分に最も強く語りかけてきたこと」を中心に、そこにいたるまでの、これまでの学習がすべて見渡せるように、出来事の流れや、重要話題の読み、中心話題の対話メモ、大きな三つの問いなどをまとめる。

→「作品の星座―作品の心編」子どもの作品はｐ11～14に掲載

「海のいのち」の授業を終えて

十数時間に及ぶ、「海のいのち」のすべての授業を終えた今、あらためて、38 人の子どもたちの残した学びの「財産」を読み返している。

一つは、「作品の星座」。B 4版の一枚の画用紙、その表側には「客観編」、裏側には「作品の心編」。単元の全時間に書いてきたノートをもとに、「自分は、この物語を、この言葉のつながりを根拠に、このように読んだよ」と、自分の最終的な読みが、仲間に伝わるように、そして、自分自身で確認するために、時間をかけて丁寧に表現している。

特に、表側の客観編に書かれた、初読の「作品の心」（初発の感想）が、裏側に書かれた、最終段階の「作品の心」へと、どのように変わっているか。あわせて、その「作品の心」が他者に分かるように解説した文章。

それは、この単元の学びの最も重要な「評価」の観点と言えるだろう。「作品の星座」の内実は、教師である私の「指導の評価」でもあり、そして、何より、学習者である子どもにとって、自分自身の「学びの自己評価」に他ならない。

今ひとつの「財産」は、やはり国語ノートそのものである。

単元スタートでの「海のいのち」との出会い。その時に受け取った「初読の『作品の心』」が、十数時間後の最終時には「私の『作品の心』」として、確かな感想に変容していく。その変容過程の具体的な姿が、ノートの記述にはっきりと残されている。

例えば、話題「母の悲しみの意味」にもとづく対話の授業。四つの重要話題の一つである。まず、「心内対話」として、自分の最初の読みをノートに書く。この際、その読みを文章化はさせない。対話メモをつくる。それをもとに、隣席の仲間との「ペア対話」、そして、クラス全員との「全体対話」へと授業は展開する。

そして、授業の終末段階で、板書された重要な言葉を自分の最初の「対話メモ」に付け加える。その上で、話題についての最終的な自分の読みを文章としてまとめる。

この「心内対話」段階での対話メモが、仲間との対話を通して、新たな言葉への気づきが加えられた新たな対話メモへと変わっていく。その二つのメモの変容こそが、まさに、1 時間の読みの変容でもある。そして、それはまた、私の「指導の評価」、子ども自身の「学びの自己評価」を確認できる貴重な「財産」。

その 1 時間 1 時間の学びの小さな変容、単元とは、その小さな変容を積み重ね、大きな読みの変容（初読の「作品の心」から、最終の「作品の心」へ）を確実に実現させようとする一連の言語活動の集成なのだろう。

太一は、クライマックス場面で、ずっと追い求めてきた巨大なクエを前にして、葛藤の末に、ふっと微笑み、「おとう」と呼び、「海のいのち」と思う。

何故、太一はモリを下ろしたのか。何故、「おとう」なのか。何故、「海のいのち」なのか。十数時間の学びのすべてが、この問いに対する読みをつくるために集約される。

子どもたちの残した「財産」には、言葉のつながりを捉えつつ、仲間の読みと関わらせながら、自分の読みをつくっていこうとする、懸命な読者の姿が見える。

12 歳の彼らは、「海のいのち」を確かに読んだ。

著者紹介

二瓶 弘行（にへい ひろゆき）

筑波大学附属小学校教諭。
1957年新潟県生まれ。早稲田大学第一文学部卒業。新潟県内の公立小学校に勤務後、上越教育大学大学院の修士課程を修了。1994年から現職。
筑波大学非常勤講師、共愛学園前橋国際大学非常勤講師、全国国語授業研究会理事、国語教室ネットワーク「ひろがれ国語」代表、小学校教師授業づくり研究会会長、国語“夢”塾塾長。

【著書】

・『授業で勝負する実践家たちへ 二瓶弘行の「物語授業づくり入門編」』編著 文溪堂 2013年（hito*yume book.「一日講座」シリーズ；4）
・『二瓶弘行国語教室からの提案 物語の「自力読み」の力を獲得させよ』単著 東洋館出版社 2013年
・『授業で勝負する実践家たちへ 二瓶弘行と国語"夢"塾の物語授業づくり実践編』編著 文溪堂 2014年（hito*yume book.「一日講座」シリーズ；5）
・『子どもの学力がぐんぐん伸びるお母さんと一緒の読解力教室』単著 新潮社 2014年
・『最良の教材で、最高の「言葉の力」を育む国語授業』編著 東洋館出版社 2014年
・『授業で勝負する実践家たちへ 二瓶弘行と国語"夢"塾の説明文授業づくり実践編』編著 文溪堂 2015年（hito*yume book.「一日講座」シリーズ；6）
・『説明文の「自力読み」の力を獲得させよ』単著 東洋館出版社 2015年（二瓶弘行国語教室からの提案；2）
・『小学校でこれだけは教えたい 教科のプロが教える授業づくりの極意』二瓶弘行 著；梅澤真一 著；盛山隆雄 他共著 東洋館出版社 2015年
・『最新の教材で、最高の「言葉の力」を育む国語授業』編著 東洋館出版社 2015年
・『子どもがどんどんやる気になる国語教室づくりの極意 国語授業編』編著，夢の国語授業研究会 著 東洋館出版社 2015年
・『子どもがどんどんやる気になる国語教室づくりの極意 学級づくり編』編著，夢の国語授業研究会 著 東洋館出版社 2015年
・『子どもがいきいき動き出す！ 小学校国語言語活動アイデア事典』編著，国語"夢"塾 著 明治図書出版 2015年
・『はじめよう！アクティブ・ラーニング3』ポプラ社 2016年
・『最高の「言葉の力」を育む国語科単元づくり』編著 東洋館出版社 2016年
・『子どもと創るアクティブ・ラーニングの国語授業―授業者からの提案―』編著 東洋館出版社 2016年
・『子どもがどんどんやる気になる国語教室づくりの極意―1時間授業編』編著，夢の国語授業研究会 著 東洋館出版社 2016年
・『二瓶弘行の系統的に育てる物語の読みの力：これならできる！小学校6年間の指導計画』単著 文溪堂 2016年（hito*yume book）
・『二瓶弘行の系統的に育てる説明文の読みの力：これならできる！小学校6年間の指導計画』単著 文溪堂 2016年（hito*yume book）
・『筑波発読みの系統指導で読む力を育てる』筑波大学附属小学校国語教育研究部 編，青木伸生，青山由紀，桂聖，白石範孝，二瓶弘行 著 東洋館出版社 2016年
・『どの子も鉛筆が止まらない！ 小学校国語書く活動アイデア事典』編著，国語"夢"塾 著 明治図書出版 2016年
・『定番教材でできる！ 小学校国語3つの視点でアクティブ・ラーニング』二瓶弘行，青木伸生 編著，夢の国語授業研究会 著 明治図書出版 2016年

ほか、多数。

二瓶弘行の授業
「海のいのち」全時間・全板書

2017（平成 29）年 2 月19日　初版第 1 刷発行
2023（令和 5 ）年 2 月27日　初版第 6 刷発行

著　者：二瓶 弘行
発行者：錦織 圭之介
発行所：株式会社 東洋館出版社
〒 101-0054 東京都千代田区神田錦町 2 丁目 9 番地 1 号
コンフォール安田ビル 2 階
代　表　電話 03-6778-4343　FAX 03-5281-8091
営業部　電話 03-6778-7278　FAX 03-5281-8092
振替　00180-7-96823
URL　https://www.toyokan.co.jp
編集協力：装文社 池田直子
デザイン：小林亜希子
印刷製本：藤原印刷株式会社

ISBN978-4-491-03326-6
Printed in Japan